プリント形式のリアル過去問で本番の臨場感！

宮崎県 県立

五ヶ瀬中等教育学校

2025 年 春 受験用

解答集

本書は，実物をなるべくそのままに，プリント形式で年度ごとに収録しています。
問題用紙を教科別に分けて使うことができるので，本番さながらの演習ができます。

■ 収録内容

・解答集（この冊子です）

　書籍ＩＤ番号，この問題集の使い方，最新年度実物データ，リアル過去問の活用，
　解答例と解説，ご使用にあたってのお願い・ご注意，お問い合わせ

・2024（令和６）年度 ～ 2019（平成31）年度　学力検査問題

JN131796

問題文の非掲載につきまして

　著作権上の都合により，本書に収録している過去入試問題の本文の一部を掲載しておりません。ご不便をおかけし，誠に申し訳ございません。

○は収録あり	年度	'24	'23	'22	'21	'20	'19
■ 問題（作文・適性検査）		○	○	○	○	○	○
■ 解答用紙		○	○	○	○	○	○
■ 配点							

全分野に解説
があります

注）問題文非掲載:2024年度の作文, 2021年度の作文

教英出版

■ 書籍ID番号

入試に役立つダウンロード付録や学校情報などを随時更新して掲載しています。
教英出版ウェブサイトの「ご購入者様のページ」画面で，書籍ID番号を入力してご利用ください。

書籍ID番号 **101245**

（有効期限：2025年9月30日まで）

【入試に役立つダウンロード付録】
「要点のまとめ（国語／算数）」
「課題作文演習」ほか

■ この問題集の使い方

　年度ごとにプリント形式で収録しています。針を外して教科ごとに分けて使用します。①片側，②中央のどちらかでとじてありますので，下図を参考に，問題用紙と解答用紙に分けて準備をしましょう（解答用紙がない場合もあります）。

　針を外すときは，けがをしないように十分注意してください。また，針を外すと紛失しやすくなりますので気をつけましょう。

※教科数が上図と異なる場合があります。
　解答用紙がない場合や，問題と一体になっている場合があります。
　教科の番号は，教科ごとに分けるときの参考にしてください。

■ 最新年度 実物データ

　実物をなるべくそのままに編集していますが，収録の都合上，実際の試験問題とは異なる場合があります。実物のサイズ，様式は右表で確認してください。

問題用紙	適性：Ａ４冊子（二つ折り） 作文：Ｂ４片面プリント
解答用紙	Ｂ４片面プリント

リアル過去問の活用

❀ 本番を体験しよう！

問題用紙の形式（縦向き / 横向き），問題の配置や余白など，実物に近い紙面構成なので本番の臨場感が味わえます。まずはパラパラとめくって眺めてみてください。「これが志望校の入試問題なんだ！」と思えば入試に向けて気持ちが高まることでしょう。

❀ 入試を知ろう！

同じ教科の過去数年分の問題紙面を並べて，見比べてみましょう。

① 問題の量

毎年同じ大問数か，年によって違うのか，また全体の問題量はどのくらいか知っておきましょう。どのくらいのスピードで解けば時間内に終わるのか，大問ひとつにかけられる時間を計算してみましょう。

② 出題分野

よく出題されている分野とそうでない分野を見つけましょう。同じような問題が過去にも出題されていることに気がつくはずです。

③ 出題順序

得意な分野が毎年同じ大問番号で出題されていると分かれば，本番で取りこぼさないように先回りして解答することができるでしょう。

④ 解答方法

記述式か選択式か（マークシートか），見ておきましょう。記述式なら，単位まで書く必要があるかどうか，文字数はどのくらいかなど，細かいところまでチェックしておきましょう。計算過程を書く必要があるかどうかも重要です。

⑤ 問題の難易度

必ず正解したい基本問題，条件や指示の読み間違いといったケアレスミスに気をつけたい問題，後回しにしたほうがいい問題などをチェックしておきましょう。

❀ 問題を解こう！

志望校の入試傾向をつかんだら，問題を何度も解いていきましょう。ほかにも問題文の独特な言いまわしや，その学校独自の答え方を発見できることもあるでしょう。オリンピックや環境問題など，話題になった出来事を毎年出題する学校だと分かれば，日頃のニュースの見かたも変わってきます。

こうして志望校の入試傾向を知り対策を立てることこそが，過去問を解く最大の理由なのです。

❀ 実力を知ろう！

過去問を解くにあたって，得点はそれほど重要ではありません。大切なのは，志望校の過去問演習を通して，苦手な教科，苦手な分野を知ることです。苦手な教科，分野が分かったら，教科書や参考書に戻って重点的に学習する時間をつくりましょう。今の自分の実力を知れば，入試本番までの勉強の道すじが見えてきます。

❀ 試験に慣れよう！

入試では時間配分も重要です。本番で時間が足りなくなってあわてないように，リアル過去問で実戦演習をして，時間配分や出題パターンに慣れておきましょう。教科ごとに気持ちを切り替える練習もしておきましょう。

❀ 心を整えよう！

入試は誰でも緊張するものです。入試前日になったら，演習をやり尽くしたリアル過去問の表紙を眺めてみましょう。問題の内容を見る必要はもうありません。どんな形式だったかな？受験番号や氏名はどこに書くのかな？…ほんの少し見ておくだけでも，志望校の入試に向けて心の準備が整うことでしょう。

そして入試本番では，見慣れた問題紙面が緊張した心を落ち着かせてくれるはずです。

※まれに入試形式を変更する学校もありますが，条件はほかの受験生も同じです。心を整えてあせらずに問題に取りかかりましょう。

《解答例》

問い一．本当に自分でよく考えて、心の底から「分かった」と思えない限りは、分かった気になっているにすぎないという考え。　　問い二．自分の感性にしたがわず、世間の評価にしたがって絵をとらえてしまうということ。

問い三．〈作文のポイント〉

・最初に自分の主張、立場を明確に決め、その内容に沿って書いていく。

・わかりやすい表現を心がける。自信のない表現や漢字は使わない。

　さらにくわしい作文の書き方・作文例はこちら！→https://kyoei-syuppan.net/mobile/files/sakupo.html

《解答例》（第1部）

課題1 問い1．ア．4　イ．4　ウ．27　エ．黒　オ．1　　問い2．イ

問い3．1段目…2　2段目…1　3段目…2

課題2 問い1．方法…中央値を比べる。　説明…中央値はA班が7，B班が6だから，A班の方が大きい。よって，A班の方が本をよく読んだといえる。

問い2．右グラフ　　問い3．ア．×　イ．○　ウ．×　エ．×

課題3 問い1．エネルギーをつくるのに必要な酸素をたくさん全身に届ける必要があるため。　　問い2．光の強さが弱い方が，植物が二酸化炭素を吸収して，酸素を出すはたらきは弱くなる。　　問い3．光が当たらないようにしたとき，酸素が減り，二酸化炭素が増えたから，植物は呼吸をしているといえる。

課題4 問い1．10gのおもりを，右うでのめもり3に2個，めもり5に3個つるしたとき。　　問い2．40

問い3．ばね…B　理由…右うでをかたむけるはたらきが 100×3＝300 だから，ばねが左うでを下に引く力の大きさは 300÷6＝50（g）である。図3より，おもりの重さが 50g でばねの長さが 75cm になるのはばねB だから。

課題5 問い1．ウ　　問い2．A．戦死者が多く，戦争の費用が高かった　B．賠償金が得られなかったこと

問い3．A．24時間営業ではない　B．特に夜間における航空機騒音

課題6 問い1．成人男性に課される重い税の負担から逃れる　　問い2．エ　　問い3．A．マレーシア・インドネシアの訪日観光客数が増加している　B．マレーシア・インドネシアはイスラム教徒が多く，イスラム教徒の観光客が安心して食事ができるよう配慮する

《解　説》

課題1

問い1　図1の飾りは，上の段にも下の段にも，黒と白の立方体が2個ずつ使われている。したがって，黒の立方体が 2×2＝4（個），白の立方体が 2×2＝4（個）使われている。

図2の飾りは，立方体が縦に3個，横に3個，高さに3個並んでいるので，全部で 3×3×3＝27（個）の立方体が使われている。黒の立方体は，頂点の位置に8個と各面の真ん中に6個使われているから，全部で 8＋6＝14（個）使われている。白の立方体は 27−14＝13（個）使われているから，黒の方が 14−13＝1（個）多い。

問い2　図3をABからCの方向に切ると，白の立方体を3個，黒の立方体を1個切断する。白の立方体は右の図Ⅰのように切られ，黒の立方体は図Ⅱのように切られるから，切り口は正三角形を組み合わせたイの模様になる。

図Ⅰ 　図Ⅱ

問い3　右図のように3つの段に分けて考える。正面と横から見た図から，右図で直線を引いた立方体にはボールが入っていないとわかる。あとは上から見た図と比べることで，○の位置にボールがあるとわかる。よって，1段目に2個，2段目に1個，3段目に2個のボールがある。

1段目　　2段目　　3段目

課題2

問い1　2つのグループを比べるときには，平均値か中央値で比べることがよくある。

問い2　グラフより，4冊と8冊以外の人数の合計は，$1＋3＋1＋3＋3＋2＋2＋5＝20$（人）だから，4冊と8冊の人数の合計は$30－20＝10$（人）である。また，4冊と8冊以外の冊数の合計は，$1×1＋2×3＋3×1＋5×3＋6×3＋7×2＋9×2＋10×5＝125$（冊）だから，4冊と8冊の冊数の合計は，$189－125＝64$（冊）である。10人全員が8冊読んだ人だとすると，冊数の合計は$8×10＝80$（冊）となり，実際より$80－64＝16$（冊）多くなる。1人を8冊読んだ人から4冊読んだ人におきかえると，冊数の合計は$8－4＝4$（冊）少なくなるから，4冊読んだ人は$16÷4＝4$（人），8冊読んだ人は，$10－4＝6$（人）である。

問い3　ア．学級全体の平均値は小数になることもあるので，正しくない。

イ．例えば30人全員が6冊読んだ場合，平均値は6冊になるので，正しい。

ウ．A班とB班の人数が異なるので，正しくない。実際に計算してみると，6年2組全体の平均値は，$189÷30＝6.3$（冊），（A班とB班の平均値の和）$÷2＝(7.0＋5.5)÷2＝6.25$（冊）で，同じにならない。

エ．平均値は全体の順位のちょうど真ん中にくるとは限らないので，正しくない。例えば6年1組のB班を見ると，16冊という<ruby>極端<rt>きょくたん</rt></ruby>に大きい値によって平均値が高くなっているので，平均値より大きい人は4人しかいない。

課題3

問い1　血液には酸素や養分を全身に運ぶはたらきがある。心臓のはく動が多くなると，心臓から送り出される血液の量が増え，全身に届けられる酸素や養分の量も増える。

問い2　Aでは酸素が約2％増え，二酸化炭素が約2％減っていて，Bでは酸素が約1％増え，二酸化炭素が約1％減っている。このことから，光の強さがAより弱いBでも植物が二酸化炭素を吸収して，酸素を出すはたらき（光合成）は行われているが，そのはたらきは弱くなっていると考えられる。

問い3　光が当たらない（Cの）とき，光合成は行われていない。このとき酸素が減り，二酸化炭素が増えていることから，酸素を吸収して，二酸化炭素を出す呼吸が行われているといえる。なお，実際にはA〜Cのすべてで呼吸は行われている。AやBでは光合成のはたらきが呼吸よりも大きいため，酸素が増えて，二酸化炭素が減る。

課題4

問い1　てこのうでをかたむけるはたらきが$30×3＋20×6＝210$になればよいから，$210÷3＝70$より，右うでのめもり3に10gのおもりを7個つるすとつりあうことがわかる。ここから，つるすおもりの数を少なくするために，めもり3につるすおもりの数をできるだけ減らす。$50×3＝150$，$30×5＝150$より，めもり3に10gのおもり5個つるすときと，めもり5に10gのおもり3個つるすときでは，てこのうでをかたむけるはたらきが同じになるから，めもり3に10gのおもりを$7－5＝2$（個），めもり5に10gのおもりを3個つるすと，右うでをかたむけるはたらきが$20×3＋30×5＝210$になって，てこがつりあう。

問い2　おもりの重さが10g増えると，ばねの長さが10cm長くなるので，おもりの重さが20gのときより20g減った0gのときのばねの長さは20cm短くなる。よって，$60－20＝40$（cm）である。

課題5

問い1　ウ　　常任理事国のうち，ロシアだけが分担金の割合上位7か国に入っていない。

問い2　日清戦争の戦死者は約1万4千人，日露戦争では約8万4千人だから，日露戦争の戦死者は日清戦争の戦死者の約6倍である。また，使った戦争の費用は約8倍に増えている。日清戦争より被害が大きく，国民は重税に耐えて日露戦争に協力したのに賠償金が取れなかったために，日比谷焼き打ち事件が起きた。

問い3　都市部に立地している福岡空港と人工の島に立地している北九州空港で，何が大きく違うかを考える。北九州空港，関西国際空港，中部国際空港，東京国際空港などは海沿いや海上に立地しているため，周辺の騒音問題が少なく24時間の離着陸が可能になっている。

課題6

問い1　女性は租だけを負担するのに対して，成人男性は租・調・庸・雑徭・兵役を負担しなければならなかった。そこで性別をいつわったり，年齢をいつわったりして，重税から逃れようとする男性が多かったと考える。

問い2　エ　　交番(X)→病院(⊞)→消防署(Y)→図書館(Ⅲ)→神社(∏)→交番(X)→消防署(Y)→博物館(血)

問い3　イスラム教徒には，食べ物以外にも，1日5回のメッカに向かっての礼拝，ラマダーンの月の日中の飲食の禁止などさまざまな戒律があるので，文化を尊重する意味でも細心の注意を払いたい。

《解答例》

問い一．自分たちの森が燃えていくことに対して、たとえ一滴ずつでも自分のくちばしを使って水のしずくを運び、火を消す努力をすること。

問い二．（例文）

　大量生産、大量消費型の暮らしが、地球に大きな負担をかけているという問題がある。

　この問題に対して、私は物を大切に使うことを心がけたい。私一人がそうすることは、地球全体の大きな問題に対して、とても小さなことに思える。しかし、自分にできることを淡々と続けたクリキンディのように、あきらめずに行動を続けたいと思う。「小さな地球人」の努力でも、世界中の一人一人が行動を続ければ、大きな力となって、未来の地球を守ることにつながるのだと考える。

　私は文ぼう具が好きで、新商品を見るとつい買ってしまう。その結果、机の中には使い切らずにあきてしまった文ぼう具がたくさんあり、じゃまになって捨てることもある。物をむだにすると、それを作るために使った資源もむだになってしまう。だから、物を買う時には本当に必要な物かをよく考え、買った物は長く大切に使うこと、むだなく使い切ることを実行していきたい。

《解答例》（第1部）

課題1　問い1．100　　問い2．1.5　　問い3．イ．750　　ウ．3

課題2　問い1．ア．4　イ．6　　問い2．60

　　　　問い3．駅→工場→美術館→博物館→歴史資料館→駅〔別解〕駅→歴史資料館→博物館→美術館→工場→駅

課題3　問い1．①イ　②ア　③ア　　問い2．①イ　②上から順にたまっていき　③下に移動する

課題4　問い1．7.5　　問い2．120　　問い3．イ

課題5　問い1．ウ　　問い2．①えびの高原　②75　　問い3．イ，オ

課題6　問い1．ア　　問い2．ア．石炭の生産量が減り，輸入量が増えた　イ．原料を船で輸入するのに便利な沿岸部にある　　問い3．イ，ウ

《解　説》

課題1

問い1　区間Aでは，2分間で300m走ったから，□にあてはまる数は，300÷3＝100

問い2　2分間で走った道のりは，区間Aが300m，区間Cが200mである。

区間AとCの速さの比は同じ時間で進んだ道のりの比に等しく，300：200＝3：2である。

よって，区間Aの速さは，区間Cの速さの$\frac{3}{2}$＝1.5(倍)である。

問い3　グラフ3より，6分間で走った道のりは，150＋400＋200＝ィ750(m)

よしこさんは区間Aで300m，区間AとBで400m，区間AとBとCで600m進み，ゆきえさんは区間Aで150m，区間AとBで150＋400＝550(m)，区間AとBとCで750m進む。

よって，ゆきえさんがよしこさんに追いつくのは，ゆきえさんが区間Bを走っているときである。

ゆきえさんが区間Aを走り終えたとき，2人の間の道のりは300－150＝150(m)である。

区間Bを走る速さは，よしこさんが分速(100÷2)m＝分速50m，ゆきえさんが分速(400÷2)m＝分速200mだから，区間Bでは1分間で2人の間の道のりは200－50＝150(m)縮まる。

よって，ゆきえさんがよしこさんに追いついたのは，スタートから2＋150÷150＝ゥ3(分後)である。

課題2

問い1　工場と美術館の2か所だけを見学するコースの2通り以外に，美術館と歴史資料館の2か所だけを見学するコースが，「駅→美術館→歴史資料館→駅」「駅→歴史資料館→美術館→駅」の2通りあるから，2か所だけ見学するコースは，全部で2＋2＝ァ4(コース)ある。

博物館を入れて3か所だけ見学するコースを考える。博物館と工場と美術館の3か所だけを見学するコースは，「駅→工場→博物館→美術館→駅」「駅→美術館→博物館→工場→駅」の2通りある。同様に，博物館と工場と歴史資料館，博物館と美術館と歴史資料館の3か所だけを見学するコースも2通りずつあるから，博物館を入れて3か所だけ見学するコースは，全部で2×3＝ィ6(通り)ある。

問い2　自主研修の時間は午前9時～正午までの3時間＝180分で，4つの施設の見学時間の合計は30×4＝120(分)だから，移動時間の合計が180－120＝60(分)より多くかかってしまうと，正午に間に合わない。

問い3　移動時間が少ないコースを考えるので，施設の間の移動時間に20分がなく，10分が多くなるようなコース

を探すと、「駅→工場→美術館→博物館→歴史資料館→駅」または「駅→歴史資料館→博物館→美術館→工場→駅」が見つかる。このときの移動時間の合計はともに10＋10＋15＋10＋10＝55(分)なので、正午までにもどってくることができる。

課題3

問い1 表より、燃やす前の二酸化炭素の体積の割合は約0.04％で、火が消えた後の二酸化炭素の体積の割合は約3％である。よって、かずおさんの予想では、二酸化炭素の体積の割合が0.04％よりも小さい①では、ろうそくは、しばらく燃え、二酸化炭素の体積の割合が3％よりも大きい②、③では、ろうそくの火は、すぐに消えると考えられる。

問い2 ろうそくが燃えるとできる二酸化炭素を多くふくむ気体は、熱によってまわりの空気よりも軽くなっているので、上にあがる。このため、酸素を多くふくむ気体は下に移動する。その結果、長いろうそくが先に消える。

課題4

問い1 表より、おもりの重さを10ｇずつ増やしていくと、ばねの長さが0.5㎝ずつ増えていくことがわかるので、50ｇのおもりをつるしたときのばねの長さは40ｇのときより0.5㎝長い7.5㎝である。

問い2 問い1より、このばねは10ｇのおもりをつるすと0.5㎝のびることがわかるので、6㎝のばすためには、$10 \times \dfrac{6}{0.5} = 120$(ｇ)のおもりをつるせばよい。

問い3 結果より、ばねが2㎝のびたときに、おもりがゆかからはなれ、ばねののびが一定になったことがわかるので、イが正答となる。

課題5

問い1 「都井岬」以外の候補地を選んだ方がいい理由を話しているので、「都井岬」のマイナス面か、他の候補地のプラス面を話しているものを選ぶ。ア、イ、エは他の候補地のマイナス面、ウは「都井岬」のマイナス面を話しているから、最も適切なものはウである。

問い2 ボルダルールのやり方で計算すると、「高千穂峡」が3×(7＋3)＋2×(10＋6)＋1×(2＋8)＝72(点)、「えびの高原」が3×(10＋2)＋2×(7＋8)＋1×(3＋6)＝75(点)、「都井岬」が69点だから、点数が一番高い候補地は①えびの高原で、点数は②75点である。

問い3 多数意見のみが影響する多数決の決め方、少数意見も影響するボルダルールの決め方など、様々な決め方があるので、話し合いを通して、場面に応じた決め方の選択ができるとよい。

課題6

問い1 資料1より、★の近くに□があることに注目しよう。資料2より、鉄をつくるには鉄鉱石と石炭が必要だとわかるので、□でとれた石炭が★で使われていたと考える。

問い2 ●の製鉄所は、船で原料を輸入するのに便利な沿岸部(太平洋ベルト)にある。

問い3 まことさんのまとめでは、「鉄をつくる際に発生する、ガスの利用における省エネルギー」についてまとめられているので、輸出先の割合についてのアや、水の再利用についてのエは誤りである。

課題1　問い1．10.2　　問い2．4：3のスライド　説明…設定が4：3のスライドは，縦の長さを4.5mで合わせると，横の長さが $4.5 \times \dfrac{4}{3} = 6$ (m)になり，面積が $4.5 \times 6 = 27$ (㎡)になる。設定が16：9のスライドは，横の長さを6.5mで合わせると，縦の長さが $6.5 \times \dfrac{9}{16} = \dfrac{117}{32}$ (m)になり，面積が $\dfrac{117}{32} \times 6.5 = \dfrac{1521}{64} = 23\dfrac{49}{64}$ (㎡)になる。よって，設定が4：3のスライドを使ったほうがよい。

課題2　問い1．5　　問い2．右図　　問い3．ア．7　イ．30

課題3　問い1．ウ　　問い2．32　　問い3．水てきや氷のつぶが上しょう気流によって支えられているから。

課題4　問い1．ウ　　問い2．種子にふくまれる養分を使い果たしてしまう　　問い3．①イ　②ア

課題5　問い1．ウ　　問い2．A．中心から各地への距離がわかる　B．東京からサンパウロを直線で結んだ最短の経路だ　　問い3．イ，エ

課題6　問い1．ア．10歳未満や10歳台で将軍になっている　イ．協力的ではなかった　　問い2．ウ．子のあいだで分割相続している　エ．相続される土地が小さくなっていった　オ．北条氏は増えて，北条氏以外は減っている　カ．思い通りに政治を行った

《解　説》

課題1

問い1　対角線の長さが約76.2cmのときが30型なので，対角線の長さが約25.9cmのタブレットは，$30 \times \dfrac{25.9}{76.2} = 10.19\cdots$ より，10.2型になる。

問い2　スクリーンの横の長さと縦の長さの比は，$6.5 : 4.5 = 13 : 9 = 4\dfrac{1}{3} : 3$ だから，4：3のスライドを使う場合は縦の長さを4.5mで合わせ，16：9のスライドを使う場合は横の長さを6.5mで合わせると，スクリーンからはみ出ることなくできるだけ大きな面積で映し出せることができる。よって，解答例のように説明できる。

課題2

問い1　図1の①～⑤の図形はいずれもマス目が5つあるので，これをいつくか並べてできあがる長方形のマス目の合計は必ず5の倍数になる。

問い2　右図のように，解答例と上下に対称な図形の他に，左右に対称な図形，回転させて重なる図形なども考えられる。

問い3　作った立体は右図のように，立方体を ア 7 個使っている。
色をぬることができた面は，この立体を前後上下左右から見たときに見える面である。図4より，前後上下左右から見るとそれぞれ5つの面が見えるから，色をぬることができた面は，全部で $5 \times 6 = $ イ 30 (面)ある。

課題3

問い1　会話より，上空で空気が冷やされて水蒸気が水や氷のつぶに変化すると雲ができることがわかる。湯気は小さな水てきのつぶが集まって目に見えているものだから，見えない部分にふくまれている水蒸気が冷やされて，湯気の部分で水に変化したものである。よって，ウが正答となる。

問い2　標高4400mで温度が0℃になったので2000mの温度は $0.5 \times \dfrac{4400-2000}{100} = 12$ (℃)である。また，標高2000mまでは標高が100m上がると温度が1℃ずつ下がったので，地面近くの気温は $12 + \dfrac{2000}{100} = 32$ (℃)となる。

問い3　水てきや氷のつぶによってできる雲は，集まって大きくなることで重くなって落ちてくると考えられる。よって，雲ができても，上空に水てきや氷のつぶがたまって重くなるまでは雨が降らないと考えられる。

課題4

問い1　発芽に光が必要であることを確かめるときは，光以外は発芽の条件を満たしている③と④を比べる。

問い2　発芽した植物は光を受けて光合成を行い，自ら養分を作るが，地表に出て光を受けるまでは養分を作ることができない。

問い3　短日植物は，連続した暗期の長さが1日の半分以上になると花芽を作ることがわかる。よって，①では花芽を作らず，②では花芽を作る。

課題5

問い1　右図

問い2　資料3の正距方位図法は，中心から各地への距離がわかる。

東京とサンパウロを直線で結ぶと，ヒューストンは東京ーサンパウロ間の，ほぼ線上にあることがわかる。

問い3　オーサグラフ世界地図は，面積や距離，形のゆがみをおさえ，地球の全体像を長方形に示した地図である。よって，ア，ウは誤りである。赤道からはなれるほど，実際の面積より大きくなり，形のゆがみが大きくなるのは資料2のメルカトル図法の特徴である。

課題6

問い1　ア．文中に「源頼朝は，将軍に40歳台半ばでなっている」とあるので，年齢に着目して書けばよい。

イ．資料3に，「反執権勢力であると疑われ」，「逆らおうとした疑いで」とあることから，北条氏によって不都合であったときに，追放するための理由として，「疑い」がかけられていると考えられる。

問い2　ウ・エ．資料5より，当時の御家人は土地を分割して相続していることがわかる。よって，恩賞がもらえず土地を増やせないと，相続される土地はしだいに小さくなっていくと考えられる。　オ．元寇後の守護の数に注目する。北条氏が増えていて，北条氏以外は減っていることがわかる。　カ．執権の一族である北条氏が，各地の守護にも多く就いているので，北条氏が思い通りに政治を動かしたのが，「御家人の不満」がなくならなかった原因であると考えられる。

《解答例》

問い一．目に見える草丈の伸びのよさ

問い二．（例文）

　筆者は、目に見えて大きくなることだけではなく、段階に応じて役目をきちんと果たしていくことが成長だと考えている。

　私はこれまで、成長は、体力や知力が向上していくことであり、大人になったら止まるものだと思っていた。そして、成長するために必要なのは、栄養とすいみんをしっかりとることや、運動や勉強をがんばることだと思っていた。イネが米を実らせ、穂を垂らすのも成長の姿であるという筆者のとらえ方を知って、これまでの成長という言葉のイメージが変わった。人間も、段階に応じて、死ぬまで成長を続けられるのだと思った。そして、自分が身につけた力を他の人のために使うことも、成長というのだと思った。

　これからは、自分の能力を上げる努力をするだけではなく、周りをよく見て、その中でどういう自分であるべきかを考え、求められていることにこたえられる人間に成長していきたい。

《解答例》（第1部）

課題1 問い1．ア．3　イ．28　ウ．3：7　　問い2．黄・白・青　　問い3．72.22

課題2 問い1．ア．15　イ．1　ウ．94　エ．3　オ．金　　問い2．カ．76　キ．62

課題3 問い1．1㎤あたりの重さが，水よりも軽いか重いかというちがい。　　問い2．氷がとけることで，1㎤あたりの重さが氷やエタノールよりも重い水がビーカーの底にたまり，その水に氷がういたから。

課題4 問い1．ウ　　問い2．ア．ちがう　イ．同じ　　問い3．記号…ア　理由…地球がAの位置にあるときが満月で，その約27.3日後のBの位置にくるまでの間に，まだ次の満月になっていないから。

課題5 問い1．ア．太陽光が長く当たる　イ．風通し　　問い2．輸出額は増えている　　問い3．屋根に積もった雪が落ちてくる

課題6 問い1．ア，エ　　問い2．実に多くのでんぷんをためる　　問い3．冬の住み家となり，生態系を守る

《解　説》

課題1

問い1　赤の面積は，$2 \times 2 \times 3.14 - 1 \times 1 \times 3.14 = (2 \times 2 - 1 \times 1) \times 3.14 =$ ア 3×3.14（㎤）

青の面積は，半径が $2 \times 4 = 8$（㎝）の円の面積から半径が $2 \times 3 = 6$（㎝）の円の面積をひけばいいから，

$8 \times 8 \times 3.14 - 6 \times 6 \times 3.14 = (8 \times 8 - 6 \times 6) \times 3.14 =$ イ 28×3.14（㎤）

黄と青の面積の比は，$(12 \times 3.14) : (28 \times 3.14) = 12 : 28 =$ ウ $3 : 7$

問い2　赤の面積の20倍は，$(3 \times 3.14) \times 20 = 60 \times 3.14$（㎤）

$12 \times 3.14 + 20 \times 3.14 + 28 \times 3.14 = (12 + 20 + 28) \times 3.14 = 60 \times 3.14$ より，黄・白・青の面積を合計すると，赤の面積の20倍になる。

問い3　赤と青が重なり合う部分は，右図の色付き部分である。これは，図2の赤と白の面積の和に等しいから，求める面積は，$3 \times 3.14 + 20 \times 3.14 = (3 + 20) \times 3.14 = 23 \times 3.14 = 72.22$（㎤）

課題2

問い1　4月8日を1日目として数えると，4月15日は4月8日の $15 - 8 = 7$（日後）だから8日目，4月22日は4月8日の $22 - 8 = 14$（日後）だから，ア 15 日目にあたる。8と15をそれぞれ7で割ると，$8 \div 7 = 1$ あまり1，$15 \div 7 = 2$ あまり1より，あまりはイ 1 である。

7月10日は，4月8日の $(30 - 8) + 31 + 30 + 10 = 93$（日後）だから，ウ 94 日目にあたる。$94 \div 7 = 13$ あまり3より，7で割るとあまりはエ 3 となる。あまりが1になる日が水曜日であり，あまりが3となるのは，あまりが1になる日の $3 - 1 = 2$（日後）だから，オ 金曜日である。

問い2　4月13日から7月9日までは，何週間と何日あるのかを考える。

4月13日は月曜日（4月のカレンダーより），7月9日は木曜日（7月10日の前日）である。7月9日は，4月13日の $(30 - 13) + 31 + 30 + 9 = 87$（日後）だから，4月13日を1日目とすると，7月9日は88日目である。

1日目〜7日目（1週間）で学習する日数は金曜を除く6日であり，学習時間の合計は，$30 \times 4 + 90 \times 2 = 300$（分），つまり5時間である。$88 \div 7 = 12$ あまり4より，4月13日から7月9日までは，12週間と4日（月〜木）ある。

よって，学習する日数は，$6 \times 12 + 4 = $ カ <u>76</u>（日）

月～木の学習時間の合計は，$30 \times 4 = 120$（分），つまり 2 時間だから，学習時間の合計は，$5 \times 12 + 2 = $ キ <u>62</u>（時間）

課題3

問い1 表より，水にういた油と氷は 1 ㎤あたりの重さが水よりも軽く，水にしずんだ鉄球は 1 ㎤あたりの重さが水よりも重いことがわかる。1 ㎤あたりの重さが重いものほど下に移動すると考えればよい。

問い2 表より，1 ㎤あたりの重さが重い順に，水，氷，エタノールとわかる。よって，問い1解説より，氷がとけてできた水とエタノールが混ざり合わなければ，下から水，氷，エタノールの順になり，氷が水にはうき，エタノールにはしずんだ状態になる。

課題4

問い1 図1で，日本を通り，赤道に平行な直線を引くと，日本が地球の白い部分（太陽の光があたっている部分）を通る長さよりも，地球の色付きの部分（太陽の光があたっていない部分）を通る長さの方が長くなることがわかる。よって，図1は，昼が短く，夜が長い冬のようすである。

問い3 太陽，地球，月の順に一直線に並んだときに，地球から月を見ると満月に見える。したがって，地球がAの位置にあるときは満月である。地球がAの位置からBの位置まで移動するのにかかる日数が約27.3日であり，地球がBの位置にあるときには，一直線に並んでいない（満月ではない）。月が地球の周りを回っている向きから，一直線に並ぶのは地球がBの位置にあるときよりもあとになる（右図Cの位置）から，満月から次の満月にもどるまでの日数は約27.3日よりも長い。

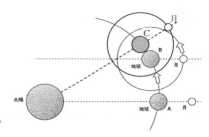

課題5

問い1 ア 太陽は東から上り，西へ沈んでいくから，屋根に積もった雪を午前中は東側で溶かし，午後は西側で溶かす。 イ 白川郷は南北に細い谷にあって強い風が吹くので，夏は窓を開けて風を吹き抜けさせることで，蚕が暑さにやられないように工夫している。

問い2 生糸の輸出額は，1882 年が $3772 \times 0.43 = 1621.96$（万円），1897 年が $16314 \times 0.34 = 5546.76$（万円）である。

問い3 会話1でまことさんが，屋根の角度が急なのは雪水が流れやすいようにするためと言っている。隣家の敷地に雪が落ちないようにするためや，屋根の除雪作業中の転落や落雪による事故を防ぐために，排水口から雪水を流している。

課題6

問い1 アとエが正しい。アは岩手県，エは山形県。 イ．総面積が最小の宮城県では，農業生産額の約 10 分の 1 を果実がしめている。 ウ．耕地面積が最大の青森県では，農業生産額の約 4 分の 1 を野菜がしめている。

問い2 資料3より，光を使ってでんぷんを作り出してためていること，夜の気温が高いと稲がでんぷんを使いすぎてしまうことがわかる。資料4より，日照時間が長く，気温が高い日の少ない大仙市では，昼に多くのでんぷんをためて，夜にほとんど使わないことがわかる。

問い3 冬の田んぼに，昆虫，小魚，わたり鳥が住んでいることに着目する。冬のたんぼに水をはると，菌類やイトミミズなどが増えて，それを食べる生き物が集まる。鳥のフンは土の養分になる。多様な生き物が住むことで田んぼの土が豊かになり，除草剤や肥料を使わない安全な米作りができる。

課題1 問い1. ア. A3 イ. B2 ウ. D2 (イとウは順不同)

問い2. エ. D1 理由…2列目の人が座れる席がA2, B2だけになるから。 問い3. 5

課題2 問い1. 180 問い2. 一般家庭の1.3倍使用している 問い3. イ. 5830 ウ. 23 求め方…消費税10%を加算する前の金額が, $5300×\frac{60}{100}=3180$(円)となればよい。この金額から基本料金を除いた, 使用した水の量の料金は, $3180-800=2380$(円)である。よって, 水は10㎥をこえてから, $(2380-300)÷160=13$(㎥)使用できる。したがって, 2か月分の水の使用量を, $10+13=23$(㎥)におさえないといけない。

課題3 問い1. 発光ダイオードは白熱電球に比べて電気のもつエネルギーが熱に変わる割合が小さく, 信号機についた雪がとけにくいから。 問い2. 発電所から家庭までのきょりが長いほど, 空気中へにげるエネルギーが大きい。 問い3. イ

課題4 問い1. エ 問い2. 動物Bの数が増えると, 動物Bによって植物Aがたくさん食べられるようになり, やがて動物Bはえさ不足になるから。 問い3. 落葉樹林の葉によって日光がさえぎられるようになるから。

課題5 問い1. ア. 売れなくなる イ. 日本企業の工場がアメリカ国内に建設され, 現地生産が始まった

問い2. テレビと小麦の生産数や生産量が多い 問い3. 輸出による収入が不安定になる

課題6 問い1. 7月23日, 8月4日 問い2. イ 問い3. 1970年代からシラスウナギの国内漁獲量が減っているので, 産卵をむかえる銀ウナギを採捕しないことで, 日本に戻ってくるシラスウナギの数を増やす目的があるから。

《解 説》

課題1

問い1 監督(C3の席)の横にコーチが座るが, C3の席の左右の席は利用できないから, コーチは$_{ア}$A3またはE3の席に座る。1列目に3人座る場合, 座った席の左右の席を利用しないようにすると, A1, C1, E1に座ることになる。この席の後ろの席は利用できないので, 2列目の1人は, $_{イ}$B2または$_{ウ}$D2の席に座ることになる。

問い2 C3, E3を利用しているので, C2, E2の席が利用できないことに注目する。

2列目の2人は, A2, B2, D2のうち2席に座るが, A2とB2を同時に利用することはできない。

よって, 必ずD2の席に1人座る必要があるので, 1列目の人がD1の席に座ると, 座れない人が出てくる。

問い3 問い2の解説より, 2列目の人はA2とD2またはB2とD2に座る。2列目の人の座り方で場合分けをして, 1列目の人の座り方を考えると, 右図(〇印が座っている席)より, 全部で$2+3=5$(通り)あるとわかる。図のように1列目の人が座れない席に×印をつけると考えやすい。

2列目の人がA2とD2に座る場合

2列目の人がB2とD2に座る場合

課題2

問い1 一般家庭の「ある一日の水の使用量」は450Lで, 風呂はその40%$=\frac{40}{100}$だから, アにあてはまる数は, $450×\frac{40}{100}=180$

問い2 ゆうきさんの家の「風呂」の水の使用量は, 一般家庭の「風呂」の使用量の, $234÷180=1.3$(倍)である。

問い3 34㎥使用したので, 使用した水の量の料金は, $30×10+160×(25-10)+200×(34-25)=4500$(円)

基本料金を合わせると，800＋4500＝5300(円)

これに消費税 10%を加算するので，水道料金は，5300×$\left(1+\dfrac{10}{100}\right)=$ イ <u>5830</u>(円)

この金額を 60%以下にするためには，消費税 10%を加算する前の金額を 60%以下にしないといけない。

使用した水の量の料金は，10 ㎥のとき 30×10＝300(円)，25 ㎥のとき 300＋160×(25－10)＝2700(円)だから，基本料金を合わせた水道料金は，10 ㎥のとき 800＋300＝1100(円)，25 ㎥のとき 800＋2700＝3500(円)なので，使用できる水の量は 10 ㎥から 25 ㎥の間だとわかる。

課題3

問い1　白熱電球は発光ダイオードよりも電気のもつエネルギーが熱に変わりやすいので，白熱電球の信号機では，その熱によって信号機についた雪がとけやすい。

問い2　導線の長さが発電所と家庭までのきょり，点灯した時間の平均が家庭で使用できる電気の量と考える。コンデンサーにたくわえられた電気の量はどの導線の長さでも同じだから，発電所から家庭までのきょりが長いほど，家庭で使用できる電気の量が少なくなる(空気中へにげるエネルギーが大きくなる)とわかる。

問い3　豆電球を発光ダイオードにかえたことによるちがいを比べるのだから，豆電球を発光ダイオードにかえること以外の条件は，実験の条件のどれかとすべて同じにする必要がある。実験では，電気をたくわえる時間は20秒だからイかウのどちらかであり，導線の長さは100㎝か300㎝か500㎝だからイが適切である。

課題4

問い1　生物である木々の集まりの森林が，風(非生物的環境)に影響を与えているのでエが正しい。

問い2　動物Cによって食べられなくなった動物Bは一時的に増えるが，動物Bが増えることで植物Aをそれまでより多く食べるようになり，植物Aが減る。すると，食べ物の少なくなった動物Bは減っていく。なお，その後は，動物Bが減ることで植物Aが増え，植物Aが増えると動物Bが増え，動物Bが増えすぎると植物Aが減り，…という数量の関係がくり返されると考えられる。

問い3　植物の葉に日光が当たると，水と二酸化炭素を材料にして養分(でんぷん)と酸素がつくられる。このはたらきを光合成という。4月～5月くらいに落葉樹林が新しい葉をつけるようになると，その葉の下に光が届かなくなるため，カタクリは光合成を十分に行えなくなる。

課題5

問い1 ⑦　資料2で 1980 年に着目すると，日本の生産台数がアメリカを抜き，日本からアメリカへの輸出台数が増えたことがわかる。そのことを，資料3の「日本の工業製品が大量に輸出されると，相手国の工業製品が売れなくなり」と関連付ける。　　　　⑦　資料2で 1987 年～1997 年に着目すると，日本企業によるアメリカでの生産台数が増えたことがわかる。そのことを，空らん後の「アメリカの労働者も働く場所ができ」たことと関連付ける。

問い2　【表2】はテレビ2台，小麦 2 t が生産されているが，【表3】はテレビ3台，小麦 3 t が生産されている。

問い3　資料5より，ザンビアは銅の輸出に依存しているモノカルチャー経済となっている。資料6より，銅の貿易価格は変動しやすいことがわかる。アフリカ諸国の多くは，未だに一次産品の輸出に頼るモノカルチャー経済となっているが，天候や国際情勢などに左右されやすく，価格の変動が大きいため，安定した収入を得ることが難しいという問題がある。

課題6

問い1　「土用」は，立秋である 8 月 7 日の前日までの 18 日間だから，8 月 7 日の 19 日前から 1 日前までである。8 月 7 日は「辰」であり，資料1より，「丑」は「辰」の 3 日前だから，「土用の丑の日」は，8 月 7 日の 3 日前

（8月4日）と3＋12＝15（日前）である。7月は31日まであるので，31－（15－7）＝23より，8月7日の15日前は7月23日である。したがって，「土用の丑の日」は，7月23日と8月4日である。

問い2　イ．資料3より，ウナギの稚魚は，西マリアナ海嶺→北赤道海流→フィリピン沖→北上して黒潮・南下してミンダナオ海流の順に回遊する。

問い3　資料5より，1970年に約130 tだったシラスウナギの国内漁獲量は，2020年に約20 tまで減っている。資料3と資料4より，シラスウナギは黒潮の流れにのって日本に戻ってくることと，産卵可能の銀ウナギとなる10月以降に採捕が禁止されていることを関連付ける。

━《解答例》━

問い一　「じぶん」とは、他のだれとも比べられない良さをもった存在である。／「みんな」とは、それぞれにちがう
　　　　ものの見方や考え方をもった個人の集まりである。

問い二　（例文）

　　　　わたしの長所は友だちが多いことだ。友だちの良いところを見つけ、それぞれに尊敬することができる。

　　　クラス内のグループが対立し、ちがうグループの人と話さなくなったことがある。さらに、グループ内はみ
　　んな同じ考えだとされ、ちがうと思ってもそれを言えない空気になった。そこで、いろいろなグループに友だ
　　ちがいる私は、グループのかけ橋になろうと思った。最初は勇気がいったが、一人一人と自然に話すことを心
　　がけた。すると、グループがちがう人と話してもよいのだという空気が広がり、グループのかべがなくなって
　　いった。

　　　中学校でも、その先の人生でも、たくさんの新たな出会いが待っている。人との関わりの中で、相手の良さ
　　を見つけ、それぞれの価値観を尊重し合って生活していきたい。そのような、多様性を認め合う関係の中で、
　　おたがいにはげまし合ったり高め合ったりすることで、自分を成長させていきたいと思う。

《解答例》（第1部）

課題1　問い1．軽い　　問い2．イ．10　ウ．10.5　　問い3．エ．4.5　オ．2　カ．4

課題2　問い1．ア．4　イ．8　　問い2．ウ．16　エ．16

課題3　問い1．へん西風の影響で，図4のように日本付近の雲は西から東へ移動するので，天気は西から東へ移り変わっていく。雲と同様に大気中の排気ガスも，日本の西側の海の向こうから運ばれてくるから。

問い2．正しくはかることができていない　理由…図7では皿に薬包紙がのっていないが，図8では薬包紙がしいてあるため，薬包紙の重さの分だけ食塩の重さが10gよりも軽くなっているから。　　問い3．ア

課題4　問い1．①N　②S　③S　④N　　問い2．特徴の①より，同じ地層から複数の火山灰の層を見つけることで，ふん火の回数や，火山灰の層の上下の地層ができた時代が分かる。また，特徴の②より，離れた地点から同じ火山灰の層を見つけることで，地層の広がりやかたむきが分かる。　　問い3．資料のように，北へ行くほど北極星の高度が高くなり，北極星の下の方がより広く見えるようになるので，シベリアよりも南に位置する北海道では，オーロラの高度が低い部分が地平線の下にあるから。

課題5　問い1．×　　問い2．①過半数　②加工　③ウ　　問い3．ア．減少してきた　イ．高齢者でも活用する

課題6　問い1．①ウ　②九州中央自動車道　　問い2．ウ→ア→エ→イ　　問い3．方向…ア　理由…右手に漁港が見え，南を向いている太陽光パネルの向きと反対の方向に進んでいるから。　　問い4．ア．高台　イ．被害にあう危険性が低い

《解　説》

課題1

問い2　イ．Aにつるしたかざりが棒を左にかたむけるはたらきは4（g）×10（㎝）＝40だから，Bにつるしたかざりが棒を右にかたむけるはたらきも40になるように，かざりの重さを40÷（14－10）（㎝）＝10（g）にすればよい。

ウ．てこの規則性が成り立つとき，支点の左右でおもりの重さの比は，支点からかざりをつるした位置までの距離の逆比に等しくなる。かざりの重さの比がA：B＝2（g）：6（g）＝1：3だから，支点からの距離の比はA：B＝3：1であり，支点からAまでの距離は$14×\frac{3}{3+1}＝10.5$（㎝）である。

問い3　エ．4gと6gのかざりがつるされた棒について，右にかたむけるはたらきが6（g）×3（㎝）＝18だから，支点から4gのかざりをつるした位置までの距離は18÷4（g）＝4.5（㎝）である。　オ，カ．一番上の棒がつりあうことに着目すると，棒を左にかたむけるはたらきが（4＋6）（g）×3（㎝）＝30だから，棒の右はしにかかる重さは30÷5（㎝）＝6（g）である。また，問い2ウ解説と同様に考えると，オとカの重さの比は1：2である。したがって，オは$6×\frac{1}{1+2}＝2$（g），カは6－2＝4（g）である。

課題2

問い1　1から4までだと，「1，2，3，4」→「2，4」（1周目）→「4」（2周目）となるから，ア4が残る。

1から8までだと，「1，2，3，4，5，6，7，8」→「2，4，6，8」（1周目）→「4，8」（2周目）→「8」（3周目）となるから，イ8が残る。

問い2　1から16までだと，1周目終了時から順に「2，4，6，8，10，12，14，16」→「4，8，12，16」（2周目）→「8，16」（3周目）→「16」（4周目）となるから，ウ16が残る。ひまりさんは，1回目終了時に残り8枚になったことと，

1から8までの8枚の時は最後の8が残ったことから，1回目終了時の最後のカードの16が残ると考えた。

1から30までについては，みなとさんが言う1から12までのときの考え方を適用するのはよくない。実際にみなとさんの考え方に沿ってやってみると以下のようになる。

1周目終了時，2の倍数だけが$30 \div 2 = 15$(枚)残り，ここから7枚取り除くと残り8枚になる。

2周目に取り除くカードのうち最初の7枚は，「2，6，10，14，18，22，26」だから，次に取り除かれる30を最初と考えて残り8枚のカードを並べると，「①30，4，8，12，16，20，24，28」となる。みなとさんの考え方だと，この8枚の最後の数である28が最後に残ることになるが，実際はそうはならない。なぜならば，下線部①のカードのうち，実際に取り除かれる順番は，最初が30，次が4であり，1枚おきにならないからである。

1から30までについては以下のように考えるとよい。カードが何枚あろうと，1周目終了時に残るのは2の倍数，2周目終了時に残るのは4の倍数，3周目終了時に残るのは8の倍数，4周目終了時に残るのは16の倍数である。

1から30までにふくまれる16の倍数は16だけだから，残るのは ェ16 のカードである。

課題3

問い1 日本をふくむ中緯度地域の上空にはへん西風という西風(西から東へふく風)がふいている。この風の影響で，図4のように雲が西から東へ移動するため，天気は西から東へ移り変わっていく。日本の西側の海の向こうの交通の発達や工業の発展などで，たくさんの排気ガスが発生し，へん西風の影響で東へ運ばれてくるため，図2のように日本の各地域で酸性雨が降る。

問い2 図7と図8を比べると，図7では皿に薬包紙がのっていないが，図8では薬包紙がしいてある。このため，食塩の重さは10gよりも薬包紙の重さの分だけ軽くなっており，食塩の量を正しくはかることができていない。なお，上皿てんびんの針が，正面から見て左右同じはばでふれているとき，左右の重さが同じになっていると言える。

問い3 ア○…プラスチックの1cm³あたりの重さが水や食塩水よりも軽いと，プラスチックは浮き，水や食塩水よりも重いと，プラスチックはしずむ。表の1cm³あたりの重さより，方法の②で，水の1cm³あたりの重さである1gよりも軽いポリプロピレンとポリエチレンは水に浮き，1gよりも重いポリスチレンとポリ塩化ビニルは水にしずむ。方法の③で，水に食塩をとかして食塩水を濃くしていくと，1cm³あたりの重さが重くなっていき，しずんでいる2種類のプラスチックのうち，1cm³あたりの重さが小さいポリスチレンが浮く。なお，100gの水にとける食塩の重さは37g～38gで，食塩水1cm³あたりの重さが1.4gにはならないので，食塩水を濃くしていってもポリ塩化ビニルは浮かない。

課題4

問い1 現在の地球では，方位磁針のN極は北を，S極は南をさすことから，図2の地球の北極側がS極，南極側がN極の巨大な磁石になっていると考えられる。チバニアンの前の時代は地磁気が現在とは逆になっていたので，図2とは極が反対になっていると考えられる。

問い2 特ちょうの①より，火山灰は火山ごとにちがいがあり，同じ火山でもふん火した時代がちがうと火山灰の特ちょうもちがうことから，ふん火が起こった回数や，火山灰の層の上下の地層ができた時代を調べることができる。また，特ちょうの②より，火山灰は遠く広いはんいに降り積もることから，広いはんいで同じ火山灰の層を見つけることで，地層の広がりやかたむきを調べることができる。なお，桜島のふん火で出た火山灰が北海道で発見されたこともあり，火山灰は非常に広いはんいに降り積もる。

問い3 北極星の高度はその地点の緯度と同じだから，資料の図5のように，北へ行くほど北極星の高度が高くな

り，北極星の下の方がより広く見えるようになる。このため，シベリアではオーロラの赤色の部分だけでなく，緑色の部分も見ることができる。

課題5

問い1　「×」を選ぶ。「－」であれば「－4」，「÷」であれば「0.16…」が産業化の数値になる。

問い2①　6次産業化のよい点として，74.5%が「収入の向上」，50.3%が「農産物の生産拡大」を回答しており，ともに50%以上であることがわかる。　②　資料1より，第1次産業の【生産】・第2次産業の【加工】・第3次産業の【販売】によって，6次産業化が成り立っていることから考える。　③　ウ．地元の人々が地元の農家がつくった農産品を買えば，その地域のお金は他の地域に流出することなく地域内で循環するため，地産地消（地元で生産した農産物を地元で消費すること）と密接に結びついているといえる。6次産業化によって，生産者と消費者との距離が近くなり，消費者が安心して農産物を購入できるようになるといったメリットもある。

問い3ア　資料4より，農業で収入を得る人口が，400万人→380万人→340万人→250万人→170万人と減少してきている。　イ　前の「農家の平均年齢が高くなってきたこと」に着目し，資料4で2010年と2018年の農家の平均年齢が65歳以上であることと結びつければ，高齢化が深刻化していると導ける。

課題6

問い一①　種田山頭火（たねださんとうか）が日向往還（ひゅうがおうかん）を旅したときに詠（よ）んだ句で、「当時の道のけわしさ」が分かる句だから、ウの「分け入っても分け入っても青い山」が適する。アは与謝蕪村（よさぶそん）の句。イは荻原井泉水（おぎわらせいせんすい）の句。エは金子兜太（かねことうた）の句。

②　資料1と資料2の海岸線と県境に着目すると、日向往還と九州中央自動車道の通っているところが、ほぼ同じだということがわかる。

問い2　ウ．西郷軍の敗走ルート（八瀬の石畳）→ア．水を運ぶために建設された施設（八勢目鑑橋（やせめがねばし））→エ．白壁造りの町並み（馬見原（まみはら））→イ．神々などをまつるパワースポット（幣立神宮（へいたて））

問い3　漁港と太陽光パネルから、海沿いを北の方角に向かっていると判断し、アを選ぶ。漁港は、イでは左手側、ウでは進行方向側、エでは進行方向と反対側に位置する。

問い4ア　資料5より、高速道路はスロープや階段の上にあり、高台になっているとわかる。　イ　資料6より、標識のある地点では、浸水の深さ予想が1m～2m未満であるとわかる。津波から逃れるための高台の高速道路は、2011年の東日本大震災をきっかけに増えた。

課題１ 問い１．５　理由…ＢＣを底辺としたときの高さが３cmになれ
ばよく，Ａの真横に並ぶ５つの点のいずれかとＢとＣを結べば，
そのようになるから。　　問い２．右図

問い３．右図　理由…１辺が４cmの正方形から，直角をはさむ
２辺の長さが１cmと３cmの直角三角形を４つ取り除いてできる
正方形だから，面積が４×４－１×３÷２×４＝10(cm²)になる。

課題１問い２の図　　課題１問い３の図

課題２ 問い１．●●○●　　問い２．10，17　　問い３．イ．１　ウ．４　エ．９
問い４．486　理由…３以外の残り２個の数が入る位の選び方は６通りある。３以外の数の並びは
９×９＝81(通り)ある。よって，「３が２個のとき」は６×81＝486(通り)である。

課題３ 問い１．石油の輸入ができなくなると，石油を燃料としてつくる紙パルプをつくることができなくなり，トイ
レットペーパーが不足する　　問い２．選んだカード…急いで買う　理由…たかしさんが「あわてて買わな
い」を選ぶと，たかしさんとよしこさんの得点が30点と30点，または０点と50点になり，引き分けかたか
しさんの負けにしかならない。しかし，「急いで買う」を選ぶと，たかしさんとよしこさんの得点が50点と０
点，または10点と10点になり，たかしさんが負けることはなくなるから。　　問い３．よしこさん…あわて
て買わない　たかしさん…あわてて買わない　理由…２人の得点の合計は，30＋30＝60(点)か０＋50＝50(点)か
10＋10＝20(点)になり，最も高い60点になるのは，２人とも「あわてて買わない」を選んだ場合だけだから。

課題４ 問い１．沿岸漁業…Ｂ　沖合漁業…Ｃ　遠洋漁業…Ａ　養しょく業…Ｄ　　問い２．多くの水産物を輸入して
いる　　問い３．ア．限りのある　イ．減らすことなくとること

課題５ 問い１　表より，金属によって，あたためた後の長さがわずかに異なることが分かる。　　問い２．イ
問い３．バイメタルが曲がって，突起が部品①にぶつかることで，接点がつながらなくなります。このように
して回路に電流が流れなくなると，ヒーターから熱が発生しなくなります。　　問い４．内側

課題６ 問い１．ウ　　問い２．表２でカの川の流れる速さは33cm/秒であり，川の流れが速い場所とは言えないから。
問い３．方法…ガラスびんに，容器の３分の２ほどの水と，角ばった直径２cmの石のうち１個を残して残りを
全部入れる。びんにふたをして，50回ふるごとに１個ずつ石を取り出し，残した１回に続けて順にならべる。
結果…ふる回数が多くなるほど，石が丸くなる。

《解　説》━━

課題１

問い１　三角形の等積変形(面積を変えずに三角形の形を変えること)の考え方を
利用すればよい。例えば右図の三角形ＰＱＲの頂点Ｐを，辺ＱＲと平行でＰを通る
直線ℓ上のどこに移動しても，底辺をＱＲとしたときの高さは変化しない。したがっ
て，三角形ＰＱＲの面積も変化しない。

問い２　問い１の三角形の等積変形を利用する。四角形ＤＥＦＧを右図のように
三角形ＤＥＦと三角形ＤＦＧに分ける。Ｇを通りＤＦに平行な直線ｍ上でＧを移
動させても，三角形ＤＦＧの面積は一定である。したがって，直線ＥＤの延長線
と直線ｍが交わる点，または，直線ＥＦの延長線と直線ｍが交わる点のうち，図

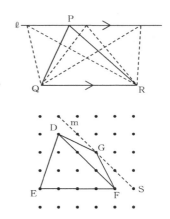

にかかれている●と重なる点を探すと，点Sがその条件に合うとわかる。

よって，三角形DESを作図すればよい。

問い3　正方形はひし形にふくまれるから，正方形の面積はひし形の面積の公式を使って，

(対角線)×(対角線)÷2で求めることができる。このため，図5の正方形の面積は，$2×2÷2＝2$（㎠）となる。

これと同様の考え方で面積が10㎠の正方形を作るためには，対角線の長さをかけあわせたときに$10×2＝20$にならなければならない。しかし，2つかけ合わせて20になる整数は存在しない。したがって，大きい正方形から4つの合同な直角三角形を取り除いて，面積が10㎠の正方形を作ることを考える。

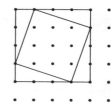

1辺の長さが整数で，面積が10㎠以上になる一番小さい正方形は，$3×3＝9$，$4×4＝16$より，1辺の長さが4㎝，面積が16㎠である。この正方形から，面積が$(16-10)÷4＝\frac{3}{2}$（㎠）の直角三角形を4つ取り除けばよい。この直角三角形の(底辺)×(高さ)の値は$\frac{3}{2}×2＝3＝1×3$だから，右図のように，底辺と高さが1㎝と3㎝の直角三角形を4つ取り除けばよい。

課題2

問い1　スマートフォンやパソコンなどのコンピューターでは0と1だけを使う2進法でデータの処理を行っている。この問題では0を「○」，1を「●」で表している。

2進法では数が2になるときに位が1つくり上がるので，0から順に，0，1，10，11，100，101，110，111，1000，…となる。したがって，各位の1が表す数が，右図のようになる。これら1，2，4，8，16，…の和で13を表すと，$1＋4＋8＝13$となるから，1の位，4の位，8の位を●にし，2の位を○にすると，13を表す。

問い2　問い1より，●○●は$8＋2＝10$を表し，●○○○●は$16＋1＝17$を表す。

よって，先生の誕生日は10月17日である。

問い3　「3が4個のとき」は，「3333」の_ィ1_通りである。

「3が3個のとき」，3以外の残り1個の数が入る場所は千の位，百の位，十の位，一の位の_ゥ4_通りある。この3以外の数は，0，1，2，4，5，6，7，8，9の_ェ9_通りある。したがって，ウの1通りに対して，エのように9通り考えられるから，「3が3個のとき」は$4×9＝36$（通り）である。

問い4　3以外の残り2個の数が入る位の選び方は，千の位と百の位，千の位と十の位，千の位と一の位，百の位と十の位，百の位と一の位，十の位と一の位の6通りある。

3以外の数は，大きい方の位が9通り考えられ，その1通りに対して小さい方の位も9通りあるから，3以外の数の並びは$9×9＝81$（通り）ある。よって，「3が2個のとき」は$6×81＝486$（通り）である。

課題3

問い1　資料1より，1972～1974年の間に原油価格が大幅に引き上げられたことを読み取り，資料2の「トイレットペーパーを生産する紙パルプ産業では…石油を燃料として用いていました」と結びつける。オイルショックは，第四次中東戦争をきっかけとして，アラブの産油国が石油価格の大幅な引き上げなどを実施したために，世界経済が大きく混乱して起こった。

問い2　たかしさんは自分が負けないことを目的としているので，たかしさんの目線で負けないカードを選ぶ。

課題4

問い1　まことさんの言葉に着目しよう。「沿岸漁業と養しょく業の生産量を合わせると，毎年沖合漁業とほぼ同じくらいの生産量になる」から，沿岸漁業と養しょく業はBとD，沖合漁業はCである。「2008年と2019年の生産量を比べると，遠洋漁業の減っている量が一番少なく，養しょく業が2番目に少ない」から，遠洋漁業はA，養しょく業はDと判断できる。よって，沿岸漁業はB，沖合漁業はC，遠洋漁業はA，養しょく業はDとなる。

問い2　日本の主な水産物の3割程度が，中国・インドネシア・ベトナムから輸入されていることが読み取れる。

問い3 ［ア］　 石油・石炭などのエネルギー資源 の「ほり出せる量は決まっており」から導ける。石油や石炭などの化石燃料が限りのあるエネルギー資源であるのに対し，半永久的に使えるエネルギーを再生可能エネルギーという。

［イ］　エネルギー資源量が減り続けているのに対し，水産資源量は増減を繰り返していることが読み取れる。「海のエコラベル」の付いた商品を選ぶことは，水産資源の枯渇を防ぐための持続可能な取組である。

課題5

問い1　金属をあたためると体積が大きくなりやすい順に並べると，アルミニウム，銅，鉄，タングステンとなる。

問い2　イ○…金属Bは金属Aよりも，温度により長さや体積が変化しやすいので，バイメタル全体をあたためると，より長くなるBが外側になるように曲がる。

問い3　通常は，接点がつながった状態になっているので，スイッチを入れると，ヒーター，部品①，部品②をふくむ回路に電流が流れて，ヒーターから熱が発生し，こたつの中の温度が上がる。こたつの中の温度が上がることで，問い2のようにバイメタルが曲がり，温度が上がりすぎるとバイメタルに付いている突起が部品①に当たって，接点がつながらなくなり，回路に電流が流れなくなって，ヒーターから熱が発生しなくなり，こたつの中の温度が下がる。

問い4　温度により長さや体積が変化しやすい金属Bが内側にあると，うずまき状のバイメタルは曲がりが小さくなる方向に動くので，針は反時計回りに動く。これに対し，金属Bが外側にあると，うずまき状のバイメタルは曲がりが大きくなる方向に動くので，針は時計回りに動く。図4では針が時計回りに動いているので，金属Aは内側である。

課題6

問い1　ウ○…表2で，川の流れる速さが速い順に並べると，ア，エ，ウ，オ，イとなる。あゆみさんの予想では，川の流れが速いところほど，川の底がけずられて，川の深さが深くなっていると言っているので，川の深さが深い順と川の流れる速さが速い順は同じになる。したがって，3番目に深い場所はウである。

問い2　表1より，魚がつれた場所はア，エ，カとなっており，ア，エについてはあゆみさんの考えは正しいが，表2でカの川の流れる速さは33cm/秒になっており，カについては川の流れが速い場所とは言えない。

問い3　ふた付きのがんじょうなガラスびんをまわりの石や岩に見立てて，石が水に運ばれてくる間に，角ばった石の角がとれて丸くなることを調べる。どれくらい丸くなったかを調べるため，実験前の角ばった石を1個そのまま残しておく。ふる回数については変えてもよい。

《解答例》

問い一　基本を疎かにせず、疲れて倒れても練習を続け、疲れを超越して無我の境地に至るまで、営々と努力を続けた。

問い二　(例文)選んだ名言の記号…A

才能が花開くかどうかは努力次第なので、諦めずに努力を続けていれば、それは必ず報われるものだと考える。

問い三　(例文)

　　私は、災害科学研究という「DNAのランプ」を灯したい。なぜなら、大雨や火山のふん火による災害から、地域の人たちの命と生活を守りたいからだ。

　　まず、一つ目の努力として、科学の基本を身につけたい。理科の授業で教わることだけでなく、自分が疑問に思ったことを調べたり試したりして、科学の知識を増やしたい。次に、二つ目の努力として、火山学や砂防学を学ぶことがきる大学に入るための勉強をがんばりたい。理系の科目だけでなく、論理的に考える力をつけ、社会の出来事に目を向けるために、広い視野で勉強を重ねたい。さらに、三つ目の努力として、自然に向き合う基本的な姿勢を身につけたい。五ヶ瀬中等教育学校に入学したら、豊かな自然の中で、人と自然が共に生きるにはどうしたら良いかを、いろいろな体験を通して考えていきたい。

　　このような努力を続けて災害科学者になり、社会の役に立ちたいと考えている。

《解　説》

問い一　第2段落に「営々と努力を続けていたら，いつか才能を開花させるときが来る。私の言葉で言えば，DNAのランプがポッとつくのです」とある。筆者にとって「DNAのランプ」を灯すというのは，才能を開花させるという意味である。筆者は，「どれだけ努力を続けたらDNAのランプがつくのか。残念ながら，その答えはありません」と述べているが，川上哲治さんの例を挙げて自分の考えを説明している。川上さんは，練習には三段階あり，第一段階は「基本練習をとことんやる」，第二段階は「疲れて倒れても，まだ練習を続ける」，第三段階は「疲れを超越して，無我の境地に至る」と筆者に話した。このように「努力を努力と思わないようになるまで」営々と続けて，川上哲治さんは「DNAのランプ」を灯したと筆者は考えている。

《解答例》（第1部）

課題1　問い1．イ　　問い2．①高まった　②減り　　問い3．①ごみの排出量　②ごみしょ理施設が不足する

課題2　問い1．(1)2　(2)D→E→I　(3)ウ．F　エ．I（ウとエは順不同）　(4)3　(5)たす　(6)Q　(7)56

問い2．32　理由…店から家まで最も近い経路は56通りある。店からM地点まで最も近い経路は6通り，M地点から家までの最も近い経路は4通りあるから，M地点を通って店から家まで最も近い経路は6×4＝24(通り)ある。よって，M地点を通らずに店から家まで最も近い経路は56－24＝32(通り)ある。

課題3　問い1．メスシリンダー　　問い2．1.4　　問い3．冷ぞう庫で一晩冷やされた炭酸水の温度は，実験をした部屋の気温より低い。紙コップに炭酸水を入れると，紙コップのまわりの空気が冷やされて，空気中の水蒸気が水てきとなって紙コップの表面につくので，紙コップの重さが重くなった。　　問い4．4月から9月に比べると10月から3月は，海水の温度が低くなっている。実験1で，炭酸水を温めると二酸化炭素が多く出ていったから，海水の温度が低いときの方が海水中の二酸化炭素の量が多くなり，海水の酸性が強くなっていくと考えられる。

《解　説》

課題1

　問い1　電気洗たく機は，「1960年代の初めには2家庭に1台の割合（50%）をすでにこえて所有していました」とあるからイとエのどちらかであるが，エを登場時期が遅いウのカラーテレビと入れかわるように減少した白黒テレビと判断し，イを電気洗たく機と判断する。アは電気冷ぞう庫，ウはカラーテレビ，エは白黒テレビである。

　問い2①　グラフ1より，高度経済成長期において，初めは20%以下だった家庭電化製品のふきゅう率が，終わり頃には80%以上になったことを読み取る。　　②　洗たくでは，タライに水をくみ出し，洗たく板で洗たく物の汚れをこすり取る時間を，洗たく機の活用で短縮できるようになった。

　問い3①　グラフ2より，高度経済成長期において，初めは約500万トンだったごみの排出量が，終わり頃には約3000万トンとなっており，6倍近く増えたことが読み取れる。　　②　資料2の「ごみが急増し始めたため，人工島である『夢の島』がごみしょ分場として利用されました」「『夢の島』では…（ごみが）そのまま野積みにされていました」から，ごみの焼却施設が不足し，夢の島が埋め立て地として利用されるようになったことを導ける。また，夢の島ではごみから発生したメタンガスが自然発火して火事となったり，ハエなどの害虫が大量発生したりといった新たな問題が発生した。

課題2

　問い1　ある頂点への最も近い経路の数は，その頂点の左側の頂点までの経路の数と，その頂点の下側の頂点までの経路の数の和に等しくなるので，各頂点への経路の数は右図のようになる。これを利用して考える。家からE地点までは，「家→A→E」，「家→D→E」のₐ2通りある。家からJ地点までの経路は，みかさんの考えた5通りの他に，「ᵢ家→D→E→I→J」がある。J地点までのもっとも近い経路は，Jの左側と下側の頂点であるᵤF地点とₑI地点を必ず通る。家からF地点やI地点までの最も近い経路は，どちらもₒ3通りだから，その2つの行き方をₖ足すと，3＋3＝6(通り)になる。

				店
1	4	10	20	35	56
1	3	6	10	15	21
1	2	3	4	5	6
家	1	1	1	1	1

図から，家から最も近い経路が5通りになる地点は，ₖQ地点である。

図から，家から店まで最も近い経路はₚ56通りとわかる。

問い2　M地点を通らずに店から家まで最も近い経路の数は，店から家まで最も近い経路の数から，M地点を通って店から家まで最も近い経路の数をひいて求めることができる。

店からM地点まで，M地点から家までの最も近い経路は右図Ⅰ，Ⅱより，それぞれ6通り，4通りである。よって，解答例のような理由となる。

課題3

問い1　体積がどれくらいであるか調べたいときにはメスシリンダーを使う。水にとけにくい気体であれば，水を満たしたメスシリンダーに気体を集め，メスシリンダー内の減少した水の体積が，集めた気体の体積と等しくなると考えてよい。

問い2　実験1より，炭酸水から出てきた気体の重さは537.10−534.60＝2.50（g）である。二酸化炭素の1㎤あたりの重さは0.00183gだから，1000㎤（1L）あたりの重さは0.00183×1000＝1.83（g）である。したがって，2.50gでの体積は2.50÷1.83＝1.36…→1.4Lである。

問い3　空気中にふくむことのできる水蒸気の量には限度があり，空気の温度が低いほどその量は少ない。このため，冷たい炭酸水を紙コップに入れると，紙コップのまわりの空気が冷やされて，空気中にふくむことのできなくなった水蒸気が水てきに変化して，紙コップの表面につく。その後，紙コップの重さが軽くなっていくのは，二酸化炭素が出ていくとともに，紙コップの表面についた水てきが蒸発していくためである。

問い4　二酸化炭素は水に溶けると酸性を示し，溶けている二酸化炭素の量が多いほど酸性が強くなる。実験1で，炭酸水を温めたことで二酸化炭素が多く出ていったこと，4月から9月に比べると10月から3月の海水温は低くなっていると考えられることから，海水の酸性の強さを考える。ミョウバンなどの固体はふつう，水の温度が高いほど，水に溶ける量が多くなるが，二酸化炭素などの気体はふつう，水の温度が高いほど，水に溶ける量が少なくなる。

《解答例》（第2部）

課題1	問い1．1つの頭花にふくまれる種の個数は在来のタンポポより，外来のタンポポの方が多い。これに対し，種全体の重さは在来のタンポポと外来のタンポポであまり差がない。このため，種1個の重さは在来のタンポポより，外来のタンポポの方が軽いと考えられるから。　　問い2．あてる風の強さ／風をあてる時間／風をあてる角度　などから1つ　　問い3．在来のタンポポより，外来のタンポポの方が，より多くの種をより遠くまで飛ばし，飛んでいった種がすぐに発芽することができるので，日本の広い範囲に，より多く生息している。

課題2　問い1．「牛丼」と「しょうが焼き」はどちらも希望者数が0人のクラスがあるから。

問い2．「ハンバーグ」と「チキン南蛮」と「牛丼」の合計希望者数が同じだから。

問い3．イ，ウ，オ　　問い4．牛のし育にかかる水の量が，トウモロコシ栽培にかかる水の量よりはるかに多い

課題3　問い1．ア　　問い2．右図　　問い3．7　　問い4．$\frac{1}{2}$

《解　説》

課題1

問い1　解答例は，結果1に着目したものである。調べて分かったことに着目すると，「外来のタンポポはどの種類も日本全国に分布しているが，在来のタンポポは種類によって分布している地域が限られているから。」などとしてもよい。

問い3　結果1と仮説から，在来のタンポポより，外来のタンポポの方が，1つの頭花にふくまれる種の個数が多く，種が遠くまで飛ぶことがわかる。また，結果2から，在来のタンポポより，外来のタンポポの方が，より短い日数で多くの種が発芽することがわかる。これらのことから，大量の種をより遠くまで飛ばし，すぐに発芽して成長することができる外来のタンポポが，日本の広い範囲（はんい）に，より多く生息するようになったと考えられる。

課題2

問い1　牛丼としょうが焼きに共通した条件を，資料1から探すと，解答例のような説明となる。

問い2　各献立の合計希望者数は，ハンバーグが14＋4＋8＋15＝41（人），チキン南蛮が12＋3＋13＋13＝41（人），牛丼が9＋30＋0＋2＝41（人），から揚げが3＋1＋2＋3＝9（人），しょうが焼きが0＋2＋15＋4＝21（人）である。

問い3　6年生は全員で38＋40＋38＋37＝153（人）なので，153÷2＝76.5より，票数が77人以上になれば，過半数の票を得たことになる。

ア．1回目の投票結果で過半数の票を得たものはないので，正しくない。　　イ．アの解説から正しいとわかる。
ウ．1回目の投票で決まらなかったので，最下位の献立を除いて再投票をしたいが，最下位が2つあったため，どちらを除くのかを2回目の投票で決めている。よって，正しい。　　エ．ウの解説より正しくないとわかる。
オ．3回目の牛丼の票数は92人で，過半数を超えているので正しい。
よって，正しいのはイ，ウ，オである。

問い4　資料5より，牛のエサとなるトウモロコシを生産するため，海外の水が多く使われていることに着目しよう。

牛はこうしたトウモロコシを大量に消費しながら育つ。そのため，生産にかかる水の量は，トウモロコシ栽培よりも牛のし育の方がはるかに多くなる。

課題3

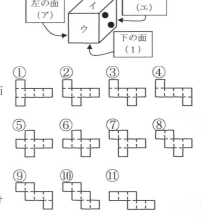

左の面（ア）　後ろの面（エ）　イ　ウ　下の面（1）

問い1　ウの面を正面の面として組み立てると，右図のようになるから，（5）の目は（2）の目と向かい合う面となるアの面である。

問い2　立方体の展開図は右図の①～⑪の11種類ですべてなので，覚えておくとよい。①～⑥のように，4つの面が1列に並び，その上下に1面ずつがくっついている形が基本的な形である。立方体の展開図では面を90度ずつ回転移動させることができるので，⑤の左端（ひだりはし）の面を上に回転移動させると⑦になる。⑦の一番下の面を右に回転移動させていくと，⑧と⑨ができる。⑩と⑪は覚えやすい形なので，そのまま覚えるとよい。問題の図3からできる展開図は，残りの加えられるマスも考えると⑦だけなので，解答例のようになる。

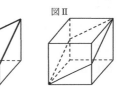

①　②　③　④　⑤　⑥　⑦　⑧　⑨　⑩　⑪

問い3　切り開いてできる展開図について，右図の太線のように外側の辺は，切り開かれた辺である。展開図を組み立てるとき，この外側の辺が2本ずつ重なる。外側の辺は全部で14本ある（他の形の展開図でも本数は同じ）から，14÷2＝7（回）切り開けばよいとわかる。

問い4　残った内側の図を組み立てると，右図Ⅰのようになるので，太線で囲まれた面があるものとして考える。図Ⅰの立体と合同な立体を，図Ⅱのように2つ重ねると，元の立方体と同じ形になる。よって，組み立てたときにできる立体の体積は，元の立方体の体積の$\frac{1}{2}$倍になる。

図Ⅰ　図Ⅱ

《解答例》

問い一　①趣味や娯楽　　②社会との関わりの中で持続可能なあなたらしい仕事

問い二　（例文）

　　　　私は社会に出たら、林業経営をしたい。

　　　「私がやりたいこと」は、木にふれることだ。一昨年「森の科学館」に行き、木工体験をしたのがとても楽しかった。そこでは森林の役割も学び、将来自分は、木を育て、森を守る人になりたいと思った。今の「私ができること」は、自然に親しむことだ。実際に森の中に入って動植物の生態を知り、人間の暮らしとの関わりを考えたい。そして、森林や林業に関する技術を学び、高度な知識を得られるような進路を選びたい。「地域や社会が求めていること」は、林業に従事する人の数をこれ以上減らさないことだ。林業に就く若い仲間を増やし、発展させたいと思う。

　　　林業は、育てた木を切って売るだけでなく、森と人が共に持続的に生きていくことを考える仕事だ。きれいな水や空気を作る、土砂災害を防ぐといった森の機能を守ることも、林業の大事な役割だ。未来の地球のために林業に就き、それを発展させる人になりたい。

《解　説》

　　問い1　①　図から、「私（たち）がやりたいこと」と「私（たち）ができること」の両方を満たすことがらが入ることがわかる。文章中に「第一に、『私たちがやりたいこと』〜第二に、『私たちができること』を考える〜この二つだけでは趣味や娯楽になってしまうこともある」と書かれている。よって、「趣味や娯楽」が入る。　　②　図から、「私（たち）がやりたいこと」「私（たち）ができること」「地域や社会が求めていること」の三つを満たすことがらが入ることがわかる。文章中に「この三つの輪を合わせたとき、重なる部分にあることなら、『社会との関わりの中で持続可能なあなたらしい仕事』になりえるはずです」と書かれている。「三つの輪」とは、文章中にある「私たちがやりたいこと」「私たちができること」「地域や社会が求めていること」の三つである。

《解答例》（第1部）

課題1	問い1．イ，カ　　問い2．記号…B　理由…交通量が最も多く，進行方向の手前に信号があり，出やすいから。　　問い3．増加が予想される，一人暮らしの高れい者向けの食事や生活用品の宅配

課題1　問い1．イ，カ　　問い2．記号…B　理由…交通量が最も多く，進行方向の手前に信号があり，出やすいから。　　問い3．増加が予想される，一人暮らしの高れい者向けの食事や生活用品の宅配

課題2　問い1．ア．15　イ．1　　問い2．（ウ）750　説明…視力が2倍，3倍，…になると全体の幅は$\frac{1}{2}$倍，$\frac{1}{3}$倍，…となっているから，視力と全体の幅は反比例の関係にあり，積が一定になるとわかる。積は0.1×75＝7.5になるから，視力0.01のランドルト環の全体の幅は，7.5÷0.01＝750（㎜）　　問い3．1.4

課題3　問い1．エ　　問い2．水の温度が大きく下がったことでコップのまわりの空気が冷やされて，空気中の水蒸気が水てきに変わり，コップの外側についたから。　　問い3．（ア）少ない　（イ）はやい　（ウ）短い

《解　説》

課題1

問い1　イとカが誤り。市立図書館や消防署は国や地方公共団体が経営する公企業で，「①利益を増やすことを目的」とせず，「②製品（商品）を消費者に販売」しない。

問い2　店長さんが「少しでも多くのお客さんに来店してもらうため」と言っていることから，1日の車の交通量が3000台の道路に面しているA・B・Cのどれかであるが，上下の方向に車が走る道路のあるA・Bのどちらかとなる。さらに，店長さんが駐車場から車が出やすい大事なポイントとして「信号が赤に変わって交通量が少なくなったとき」と言っていることから，進行方向の手前に信号があるBと判断できる。

問い3　□□□□□後に「高齢者の見守り活動にもつながる」とあることに着目し，資料2でコンビニエンスストアの商品配達用車両の前にいる女性が，食品を運ぶための保冷バッグや生活用品であるトイレットペーパーを持っていること，資料3で一人暮らしの高齢者の数がこれまで増えていて，今後も増える見通しであることに関連付けて考えよう。

課題2

問い1　ランドルト環はすべて同じ形で大きさが異なる図形に見えるので，全体の幅に対する切れ目の幅の割合が一定であると予想できる。実際に計算してみると，表の視力0.1の欄では15÷75＝0.2，視力0.2の欄では7.5÷37.5＝0.2，視力0.3の欄では5÷25＝0.2と，すべて0.2になることがわかる。
よって，ア＝3÷0.2＝15，イ＝5×0.2＝1である。

問い3　会話3から，視力検査をする距離が2倍，3倍，…になると，視力も2倍，3倍になっているので，視力検査をする距離と視力は比例の関係にあるとわかる。よって，距離が5mから70mまで70÷5＝14（倍）になると，視力も0.1から14倍となり，0.1×14＝1.4になる。

課題3

問い1　鉄とプラスチックについて，熱の伝わりやすさのちがいを比べるために実験をするのだから，鉄の板とプラスチックの板で条件（ここでは厚さや面積）を同じにする必要がある。よって，素材以外の条件が同じイとウが必要で，厚さが異なるエは必要ではない。この実験では，「携帯用使い捨てカイロ」の上に「同じ量の雪」を乗せた「板」を置き，鉄の板とプラスチックの板で雪のとける時間を比べて熱の伝わりやすさを調べようとしている。この実験のように，調べたい条件を1つだけ変えて結果を比べる実験を対照実験という。

問い2　尿素に水を加えてかき混ぜると，22℃だった温度が1分後には5℃まで下がっている。尿素は水に溶けるときにまわりの熱をうばう性質があるので，このように大きく温度が下がる。水の温度が下がると，熱をよく伝える鉄製のコップのまわりの空気が冷やされて，空気中の水蒸気が水てきに変わり，コップの外側についたので白くくもったと考えられる。

問い3　水は通常0℃でこおるが，食塩，尿素，塩化カルシウムを溶かした水が－10℃以下の冷凍庫の中でもこおらなかったことから，これらの物質は，水をこおりにくくするはたらきがあると考えられる。このため，水に溶かしたときに温度が上昇した塩化カルシウム以外でも雪を溶かすことができる。ただし，図5からも分かるように，塩化カルシウムと食塩では，雪の溶かし方の特ちょうがちがう。図5で，塩化カルシウムは雪を溶かす効果がはやく現れているが，3時間後には雪を溶かす効果はなくなっていて，6時間で雪を溶かす量が食塩より少ないことが分かる。

<u>課題1</u> 問い1．ア．B イ．A ウ．C 問い2．花びらができるところはがくに，おしべができるところはめしべになり，がくとめしべだけの花になる。 問い3．めしべやおしべのもとになるCがはたらかなくなって，その部分にがくや花びらのもとになるAがはたらくようになると，おしべができるところにAとBがはたらくようになって，花びらになる。

<u>課題2</u> 問い1．ア 問い2．昆布が採れないのに／昆布が多く消費されているの 問い3．①北海道で採れた昆布が運ばれた ②昆布を多く食べる習慣 問い4．Ⓐ富山 Ⓑ沖縄(琉球) Ⓧ薬の材料 Ⓨ昆布

<u>課題3</u> 問い1．(ア)2 (イ)12.56 問い2．20
問い3．右図 問4．31.99

《解説》

<u>課題1</u>

問い1 がくはAだけ，めしべはCだけのはたらきでできることに着目すると，イにはA，ウにはCが入ることが分かる。よって，アにはBが入る。

問い2 図Ⅰ参照。Bの遺伝子がはたらかないと，AとCの遺伝子だけがはたらくことになるので，花びらとおしべはできず，花びらができるところはがく，おしべができるところはめしべになる。

問い3 花びらはAとBの2つのはたらきでできる(Cは必要ない)。よって，Cがはたらかなくなって，CがはたらいていたところにもAがはたらくようになると，おしべができるところにも花びらができるようになる(図Ⅱ)。このとき，めしべができるところはがくになる。

<u>課題2</u>

問い1 しょうこさんが見つけた新聞記事に「古代人のモニュメント—台地に絵を描く 南国宮崎の<u>古墳景観</u>」とあり，「<u>西都原古墳群</u>」の写真があることから，古墳時代のアを選ぶ。イは奈良時代，ウは平安時代，エは縄文時代についての記述である。

問い2 資料1から富山では昆布が採れないことを読み取り，資料2で富山市の昆布の消費量が全国1位であることや，会話の中でおばさんが「(富山では，みんな)昆布を出汁や料理の材料に，はば広く使っている」と言っていることに関連付けて考える。

問い3 資料1から国内で採れる昆布のほとんどが北海道産であることを読み取り，資料4で北海道を出発した北前船が富山に寄港したことに関連付けて考える。なお，北前船で昆布を運んだ北海道から京都・大阪までの道すじを「昆布ロード」という。

問い4 資料5の「鹿児島(琉球藩)は，支配していた沖縄(琉球)から昆布を中国に売り」から，鹿児島(薩摩藩)から中国へ運ばれた貿易品Ⓨが「昆布」で，その経由地となるⒷが「沖縄(琉球)」と判断できる。資料6の「(富

山の)薬の材料の多くは，中国から鹿児島(薩摩藩)を経由して輸入された」から，中国から鹿児島(薩摩藩)へ運ばれた貿易品Ⓧが「薬の材料」で，鹿児島(薩摩藩)から先に運ばれた場所Ⓐが「富山」と判断できる。

課題3

問い1　犬は半径ア2 mの円の内部を動けるので，動ける範囲は，2×2×3.14＝イ12.56(㎡)

問い2　犬が動ける範囲は，右図のように2つの半円と長方形をあわせた

形になる。2つの半円の面積の合計が問い1で求めた円の面積と等しいから，動ける範囲で増えた部分の面積は，縦4 m，横5 mの長方形の面積と等しく，4×5＝20(㎡)

問い3　リードが犬小屋の左上の角，または右下の角にひっかかって，半径1 mで中心角90度のおうぎ形が2つできる。

問い4　右図の色つき部分のおうぎ形をあわせると，

円の$\frac{3}{4}$のおうぎ形になるから，面積の合計は，

$2 \times 2 \times 3.14 \times \frac{3}{4} = 3 \times 3.14$(㎡)

斜線部分の面積の合計は，

$1 \times 1 \times 3.14 \times \frac{1}{4} \times 2 = \frac{1}{2} \times 3.14$(㎡)

その他の部分の面積の合計は，$4 \times 5 + 1 \times 1 = 21$(㎡)

よって，動ける範囲の面積は，$3 \times 3.14 + \frac{1}{2} \times 3.14 + 21 = \left(3 + \frac{1}{2}\right) \times 3.14 + 21 = \frac{7}{2} \times 3.14 + 21 = 31.99$(㎡)

■ ご使用にあたってのお願い・ご注意

（1）問題文等の非掲載

著作権上の都合により，問題文や図表などの一部を掲載できない場合があります。

誠に申し訳ございませんが，ご了承くださいますようお願いいたします。

（2）過去問における時事性

過去問題集は，学習指導要領の改訂や社会状況の変化，新たな発見などにより，現在とは異なる表記や解説になっている場合があります。過去問の特性上，出題当時のままで出版していますので，あらかじめご了承ください。

（3）配点

学校等から配点が公表されている場合は，記載しています。公表されていない場合は，記載していません。

独自の予想配点は，出題者の意図と異なる場合があり，お客様が学習するうえで誤った判断をしてしまう恐れがあるため記載していません。

（4）無断複製等の禁止

購入された個人のお客様が，ご家庭でご自身またはご家族の学習のためにコピーをすることは可能ですが，それ以外の目的でコピー，スキャン，転載（ブログ，ＳＮＳなどでの公開を含みます）などをすることは法律により禁止されています。学校や学習塾などで，児童生徒のためにコピーをして使用することも法律により禁止されています。

ご不明な点や，違法な疑いのある行為を確認された場合は，弊社までご連絡ください。

（5）けがに注意

この問題集は針を外して使用します。針を外すときは，けがをしないように注意してください。また，表紙カバーや問題用紙の端で手指を傷つけないように十分注意してください。

（6）正誤

制作には万全を期しておりますが，万が一誤りなどがございましたら，弊社までご連絡ください。

なお，誤りが判明した場合は，弊社ウェブサイトの「ご購入者様のページ」に掲載しておりますので，そちらもご確認ください。

■ お問い合わせ

解答例，解説，印刷，製本など，問題集発行におけるすべての責任は弊社にあります。

ご不明な点がございましたら，弊社ウェブサイトの「お問い合わせ」フォームよりご連絡ください。迅速に対応いたしますが，営業日の都合で回答に数日を要する場合があります。

ご入力いただいたメールアドレス宛に自動返信メールをお送りしています。自動返信メールが届かない場合は，「よくある質問」の「メールの問い合わせに対し返信がありません。」の項目をご確認ください。

また弊社営業日（平日）は，午前９時から午後５時まで，電話でのお問い合わせも受け付けています。

2025 春

株式会社教英出版

〒422-8054　静岡県静岡市駿河区南安倍３丁目 12-28

TEL　054-288-2131　　FAX　054-288-2133

URL　https://kyoei-syuppan.net/

MAIL　siteform@kyoei-syuppan.net

教英出版 2025　18 の 1　五ヶ瀬中等教育学校

教英出版　2025年春受験用　中学入試問題集

学校別問題集
★はカラー問題対応

北　海　道
① [市立] 札幌開成中等教育学校
② 藤　女　子　中　学　校
③ 北　嶺　中　学　校
④ 北 星 学 園 女 子 中 学 校
⑤ 札 幌 大 谷 中 学 校
⑥ 札 幌 光 星 中 学 校
⑦ 立 命 館 慶 祥 中 学 校
⑧ 函 館 ラ・サ ー ル 中 学 校

青　森　県
① [県立] 三本木高等学校附属中学校

岩　手　県
① [県立] 一関第一高等学校附属中学校

宮　城　県
① [県立] 宮城県古川黎明中学校
② [県立] 宮城県仙台二華中学校
③ [市立] 仙台青陵中等教育学校
④ 東 北 学 院 中 学 校
⑤ 仙 台 白 百 合 学 園 中 学 校
⑥ 聖ウルスラ学院英智中学校
⑦ 宮 城 学 院 中 学 校
⑧ 秀　光　中　学　校
⑨ 古 川 学 園 中 学 校

秋　田　県
① [県立] ⎰大館国際情報学院中学校
　　　　⎱秋田南高等学校中等部
　　　　⎱横手清陵学院中学校

山　形　県
① [県立] ⎰東 桜 学 館 中 学 校
　　　　⎱致 道 館 中 学 校

福　島　県
① [県立] ⎰会 津 学 鳳 中 学 校
　　　　⎱ふたば未来学園中学校

茨　城　県
① [県立] 日立第一高等学校附属中学校
　　　　太田第一高等学校附属中学校
　　　　水戸第一高等学校附属中学校
　　　　鉾田第一高等学校附属中学校
　　　　鹿島高等学校附属中学校
　　　　土浦第一高等学校附属中学校
　　　　竜ヶ崎第一高等学校附属中学校
　　　　下館第一高等学校附属中学校
　　　　下妻第一高等学校附属中学校
　　　　水海道第一高等学校附属中学校
　　　　勝 田 中 等 教 育 学 校
　　　　並 木 中 等 教 育 学 校
　　　　古 河 中 等 教 育 学 校

栃　木　県
① [県立] ⎰宇都宮東高等学校附属中学校
　　　　⎱佐野高等学校附属中学校
　　　　⎱矢板東高等学校附属中学校

群　馬　県
① ⎰[県立] 中 央 中 等 教 育 学 校
　⎱[市立] 四ツ葉学園中等教育学校
　⎱[市立] 太 田 中 学 校

埼　玉　県
① [県立] 伊 奈 学 園 中 学 校
② [市立] 浦 和 中 学 校
③ [市立] 大宮国際中等教育学校
④ [市立] 川口市立高等学校附属中学校

千　葉　県
① [県立] ⎰千 葉 中 学 校
　　　　⎱東 葛 飾 中 学 校
② [市立] 稲毛国際中等教育学校

東　京　都
① [国立] 筑波大学附属駒場中学校
② [都立] 白鷗高等学校附属中学校
③ [都立] 桜修館中等教育学校
④ [都立] 小石川中等教育学校
⑤ [都立] 両国高等学校附属中学校
⑥ [都立] 立川国際中等教育学校
⑦ [都立] 武蔵高等学校附属中学校
⑧ [都立] 大泉高等学校附属中学校
⑨ [都立] 富士高等学校附属中学校
⑩ [都立] 三 鷹 中 等 教 育 学 校
⑪ [都立] 南多摩中等教育学校
⑫ [区立] 九 段 中 等 教 育 学 校
⑬ 開　成　中　学　校
⑭ 麻　布　中　学　校
⑮ 桜　蔭　中　学　校
⑯ 女 子 学 院 中 学 校
★⑰ 豊 島 岡 女 子 学 園 中 学 校
⑱ 東京都市大学等々力中学校
⑲ 世 田 谷 学 園 中 学 校
★⑳ 広尾学園中学校 (第2回)
★㉑ 広尾学園中学校 (医進・サイエンス回)
㉒ 渋谷教育学園渋谷中学校 (第1回)
㉓ 渋谷教育学園渋谷中学校 (第2回)
㉔ 東京農業大学第一高等学校中等部
　　 (2月1日 午後)
㉕ 東京農業大学第一高等学校中等部
　　 (2月2日 午後)

神奈川県

① [県立] 相模原中等教育学校
　　　　平塚中等教育学校
② [市立] 南高等学校附属中学校
③ [市立] 横浜サイエンスフロンティア高等学校附属中学校
④ [市立] 川崎高等学校附属中学校
★⑤ 聖 光 学 院 中 学 校
★⑥ 浅 野 中 学 校
⑦ 洗 足 学 園 中 学 校
⑧ 法 政 大 学 第 二 中 学 校
⑨ 逗 子 開 成 中 学 校（１次）
⑩ 逗 子 開 成 中 学 校（２·３次）
⑪ 神奈川大学附属中学校（第１回）
⑫ 神奈川大学附属中学校（第２·３回）
⑬ 栄 光 学 園 中 学 校
⑭ フェリス女学院中学校

新 潟 県

① [県立] 村上中等教育学校
　　　　柏崎翔洋中等教育学校
　　　　燕中等教育学校
　　　　津南中等教育学校
　　　　直江津中等教育学校
　　　　佐渡中等教育学校
② [市立] 高志中等教育学校
③ 新 潟 第 一 中 学 校
④ 新 潟 明 訓 中 学 校

石 川 県

① [県立] 金沢錦丘中学校
② 星 稜 中 学 校

福 井 県

① [県立] 高 志 中 学 校

山 梨 県

① 山 梨 英 和 中 学 校
② 山 梨 学 院 中 学 校
③ 駿 台 甲 府 中 学 校

長 野 県

① [県立] 屋代高等学校附属中学校
　　　　諏訪清陵高等学校附属中学校
② [市立] 長 野 中 学 校

岐 阜 県

① 岐 阜 東 中 学 校
② 鶯 谷 中 学 校
③ 岐阜聖徳学園大学附属中学校

静 岡 県

① [国立] 静岡大学教育学部附属中学校
　　　　（静岡·島田·浜松）
② [県立] 清水南高等学校中等部
　 [県立] 浜松西高等学校中等部
　 [市立] 沼津高等学校中等部
③ 不二聖心女子学院中学校
④ 日 本 大 学 三 島 中 学 校
⑤ 加 藤 学 園 暁 秀 中 学 校
⑥ 星 陵 中 学 校
⑦ 東海大学付属静岡翔洋高等学校中等部
⑧ 静 岡 サ レ ジ オ 中 学 校
⑨ 静 岡 英 和 女 学 院 中 学 校
⑩ 静 岡 雙 葉 中 学 校
⑪ 静 岡 聖 光 学 院 中 学 校
⑫ 静 岡 学 園 中 学 校
⑬ 静 岡 大 成 中 学 校
⑭ 城 南 静 岡 中 学 校
⑮ 静 岡 北 中 学 校
⑯ 常葉大学附属常葉中学校
　　常葉大学附属橘中学校
　　常葉大学附属菊川中学校
⑰ 藤 枝 明 誠 中 学 校
⑱ 浜 松 開 誠 館 中 学 校
⑲ 静岡県西遠女子学園中学校
⑳ 浜 松 日 体 中 学 校
㉑ 浜 松 学 芸 中 学 校

愛 知 県

① [国立] 愛知教育大学附属名古屋中学校
② 愛 知 淑 徳 中 学 校
③ 名古屋経済大学市邨中学校
　　名古屋経済大学高蔵中学校
④ 金 城 学 院 中 学 校
⑤ 椙 山 女 学 園 中 学 校
⑥ 東 海 中 学 校
⑦ 南 山 中 学 校 男 子 部
⑧ 南 山 中 学 校 女 子 部
⑨ 聖 霊 中 学 校
⑩ 滝 中 学 校
⑪ 名 古 屋 中 学 校
⑫ 大 成 中 学 校

愛 知 県（続き）

⑬ 愛 知 中 学 校
⑭ 星 城 中 学 校
⑮ 名 古 屋 葵 大 学 中 学 校
　　（名古屋女子大学中学校）
⑯ 愛知工業大学名電中学校
⑰ 海陽中等教育学校（特別給費生）
⑱ 海陽中等教育学校（Ⅰ·Ⅱ）
⑲ 中部大学春日丘中学校
新刊⑳ 名 古 屋 国 際 中 学 校

三 重 県

① [国立] 三重大学教育学部附属中学校
② 暁 中 学 校
③ 海 星 中 学 校
④ 四日市メリノール学院中学校
⑤ 高 田 中 学 校
⑥ セントヨゼフ女子学園中学校
⑦ 三 重 中 学 校
⑧ 皇 學 館 中 学 校
⑨ 鈴 鹿 中 等 教 育 学 校
⑩ 津 田 学 園 中 学 校

滋 賀 県

① [国立] 滋賀大学教育学部附属中学校
② [県立] 河 瀬 中 学 校
　　　　守 山 中 学 校
　　　　水 口 東 中 学 校

京 都 府

① [国立] 京都教育大学附属桃山中学校
② [府立] 洛北高等学校附属中学校
③ [府立] 園部高等学校附属中学校
④ [府立] 福知山高等学校附属中学校
⑤ [府立] 南陽高等学校附属中学校
⑥ [市立] 西京高等学校附属中学校
⑦ 同 志 社 中 学 校
⑧ 洛 星 中 学 校
⑨ 洛南高等学校附属中学校
⑩ 立 命 館 中 学 校
⑪ 同 志 社 国 際 中 学 校
⑫ 同志社女子中学校（前期日程）
⑬ 同志社女子中学校（後期日程）

大 阪 府

① [国立] 大阪教育大学附属天王寺中学校
② [国立] 大阪教育大学附属平野中学校
③ [国立] 大阪教育大学附属池田中学校

④[府立]富田林中学校
⑤[府立]咲くやこの花中学校
⑥[府立]水都国際中学校
⑦清風中学校
⑧高槻中学校（Ａ日程）
⑨高槻中学校（Ｂ日程）
⑩明星中学校
⑪大阪女学院中学校
⑫大谷中学校
⑬四天王寺中学校
⑭帝塚山学院中学校
⑮大阪国際中学校
⑯大阪桐蔭中学校
⑰開明中学校
⑱関西大学第一中学校
⑲近畿大学附属中学校
⑳金蘭千里中学校
㉑金光八尾中学校
㉒清風南海中学校
㉓帝塚山学院泉ヶ丘中学校
㉔同志社香里中学校
㉕初芝立命館中学校
㉖関西大学中等部
㉗大阪星光学院中学校

兵　庫　県
①[国立]神戸大学附属中等教育学校
②[県立]兵庫県立大学附属中学校
③雲雀丘学園中学校
④関西学院中学部
⑤神戸女学院中学部
⑥甲陽学院中学校
⑦甲南中学校
⑧甲南女子中学校
⑨灘中学校
⑩親和中学校
⑪神戸海星女子学院中学校
⑫滝川中学校
⑬啓明学院中学校
⑭三田学園中学校
⑮淳心学院中学校
⑯仁川学院中学校
⑰六甲学院中学校
⑱須磨学園中学校（第1回入試）
⑲須磨学園中学校（第2回入試）
⑳須磨学園中学校（第3回入試）
㉑白陵中学校

㉒夙川中学校

奈　良　県
①[国立]奈良女子大学附属中等教育学校
②[国立]奈良教育大学附属中学校
③[県立] 国際中学校
　　　　 青翔中学校
④[市立]一条高等学校附属中学校
⑤帝塚山中学校
⑥東大寺学園中学校
⑦奈良学園中学校
⑧西大和学園中学校

和　歌　山　県
①[県立] 古佐田丘中学校
　　　　 向陽中学校
　　　　 桐蔭中学校
　　　　 日高高等学校附属中学校
　　　　 田辺中学校
②智辯学園和歌山中学校
③近畿大学附属和歌山中学校
④開智中学校

岡　山　県
①[県立]岡山操山中学校
②[県立]倉敷天城中学校
③[県立]岡山大安寺中等教育学校
④[県立]津山中学校
⑤岡山中学校
⑥清心中学校
⑦岡山白陵中学校
⑧金光学園中学校
⑨就実中学校
⑩岡山理科大学附属中学校
⑪山陽学園中学校

広　島　県
①[国立]広島大学附属中学校
②[国立]広島大学附属福山中学校
③[県立]広島中学校
④[県立]三次中学校
⑤[県立]広島叡智学園中学校
⑥[市立]広島中等教育学校
⑦[市立]福山中学校
⑧広島学院中学校
⑨広島女学院中学校
⑩修道中学校

⑪崇徳中学校
⑫比治山女子中学校
⑬福山暁の星女子中学校
⑭安田女子中学校
⑮広島なぎさ中学校
⑯広島城北中学校
⑰近畿大学附属広島中学校福山校
⑱盈進中学校
⑲如水館中学校
⑳ノートルダム清心中学校
㉑銀河学院中学校
㉒近畿大学附属広島中学校東広島校
㉓ＡＩＣＪ中学校
㉔広島国際学院中学校
㉕広島修道大学ひろしま協創中学校

山　口　県
①[県立] 下関中等教育学校
　　　　 高森みどり中学校
②野田学園中学校

徳　島　県
①[県立] 富岡東中学校
　　　　 川島中学校
　　　　 城ノ内中等教育学校
②徳島文理中学校

香　川　県
①大手前丸亀中学校
②香川誠陵中学校

愛　媛　県
①[県立] 今治東中等教育学校
　　　　 松山西中等教育学校
②愛光中学校
③済美平成中等教育学校
④新田青雲中等教育学校

高　知　県
①[県立] 安芸中学校
　　　　 高知国際中学校
　　　　 中村中学校

福　岡　県

- ① [国立] 福岡教育大学附属中学校（福岡・小倉・久留米）
- ② [県立]
  - 育 徳 館 中 学 校
  - 門 司 学 園 中 学 校
  - 宗 像 中 学 校
  - 嘉穂高等学校附属中学校
  - 輝 翔 館 中等教育学校
- ③ 西 南 学 院 中 学 校
- ④ 上 智 福 岡 中 学 校
- ⑤ 福 岡 女 学 院 中 学 校
- ⑥ 福 岡 雙 葉 中 学 校
- ⑦ 照 曜 館 中 学 校
- ⑧ 筑 紫 女 学 園 中 学 校
- ⑨ 敬 愛 中 学 校
- ⑩ 久留米大学附設中学校
- ⑪ 飯 塚 日 新 館 中 学 校
- ⑫ 明 治 学 園 中 学 校
- ⑬ 小 倉 日 新 館 中 学 校
- ⑭ 久 留 米 信 愛 中 学 校
- ⑮ 中 村 学 園 女 子 中 学 校
- ⑯ 福岡大学附属大濠中学校
- ⑰ 筑 陽 学 園 中 学 校
- ⑱ 九州国際大学付属中学校
- ⑲ 博 多 女 子 中 学 校
- ⑳ 東福岡自彊館中学校
- ㉑ 八 女 学 院 中 学 校

佐　賀　県

- ① [県立]
  - 香 楠 中 学 校
  - 致 遠 館 中 学 校
  - 唐 津 東 中 学 校
  - 武 雄 青 陵 中 学 校
- ② 弘 学 館 中 学 校
- ③ 東 明 館 中 学 校
- ④ 佐 賀 清 和 中 学 校
- ⑤ 成 穎 中 学 校
- ⑥ 早 稲 田 佐 賀 中 学 校

長　崎　県

- ① [県立]
  - 長 崎 東 中 学 校
  - 佐 世 保 北 中 学 校
  - 諫早高等学校附属中学校
- ② 青 雲 中 学 校
- ③ 長 崎 南 山 中 学 校
- ④ 長 崎 日 本 大 学 中 学 校
- ⑤ 海 星 中 学 校

熊　本　県

- ① [県立]
  - 玉名高等学校附属中学校
  - 宇 土 中 学 校
  - 八 代 中 学 校
- ② 真 和 中 学 校
- ③ 九 州 学 院 中 学 校
- ④ ルーテル学院中学校
- ⑤ 熊本信愛女学院中学校
- ⑥ 熊本マリスト学園中学校
- ⑦ 熊本学園大学付属中学校

大　分　県

- ① [県立] 大 分 豊 府 中 学 校
- ② 岩 田 中 学 校

宮　崎　県

- ① [県立] 五ヶ瀬中等教育学校
- ② [県立]
  - 宮崎西高等学校附属中学校
  - 都城泉ヶ丘高等学校附属中学校
- ③ 宮 崎 日 本 大 学 中 学 校
- ④ 日 向 学 院 中 学 校
- ⑤ 宮 崎 第 一 中 学 校

鹿　児　島　県

- ① [県立] 楠 隼 中 学 校
- ② [市立] 鹿 児 島 玉 龍 中 学 校
- ③ 鹿 児 島 修 学 館 中 学 校
- ④ ラ・サール中学校
- ⑤ 志 學 館 中 等 部

沖　縄　県

- ① [県立]
  - 与 勝 緑 が 丘 中 学 校
  - 開 邦 中 学 校
  - 球 陽 中 学 校
  - 名護高等学校附属桜中学校

もっと過去問シリーズ

北　海　道
北嶺中学校
7年分（算数・理科・社会）

静　岡　県
静岡大学教育学部附属中学校
（静岡・島田・浜松）
10年分（算数）

愛　知　県
愛知淑徳中学校
7年分（算数・理科・社会）
東海中学校
7年分（算数・理科・社会）
南山中学校男子部
7年分（算数・理科・社会）
南山中学校女子部
7年分（算数・理科・社会）
滝中学校
7年分（算数・理科・社会）
名古屋中学校
7年分（算数・理科・社会）

岡　山　県
岡山白陵中学校
7年分（算数・理科）

広　島　県
広島大学附属中学校
7年分（算数・理科・社会）
広島大学附属福山中学校
7年分（算数・理科・社会）
広島学院中学校
7年分（算数・理科・社会）
広島女学院中学校
7年分（算数・理科・社会）
修道中学校
7年分（算数・理科・社会）
ノートルダム清心中学校
7年分（算数・理科・社会）

愛　媛　県
愛光中学校
7年分（算数・理科・社会）

福　岡　県
福岡教育大学附属中学校
（福岡・小倉・久留米）
7年分（算数・理科・社会）
西南学院中学校
7年分（算数・理科・社会）
久留米大学附設中学校
7年分（算数・理科・社会）
福岡大学附属大濠中学校
7年分（算数・理科・社会）

佐　賀　県
早稲田佐賀中学校
7年分（算数・理科・社会）

長　崎　県
青雲中学校
7年分（算数・理科・社会）

鹿　児　島　県
ラ・サール中学校
7年分（算数・理科・社会）

※もっと過去問シリーズは
国語の収録はありません。

教英出版

〒422-8054
静岡県静岡市駿河区南安倍3丁目12-28
TEL 054-288-2131
FAX 054-288-2133

詳しくは教英出版で検索
教英出版　検索
URL https://kyoei-syuppan.net/

令和六年度

宮崎県立五ヶ瀬中等教育学校
宮崎県立宮崎西高等学校附属中学校
宮崎県立都城泉ヶ丘高等学校附属中学校

「　作　文　」

午前十時十分～午前十時五十分　（四十分）

私自身は、人の話を聞いてすぐに「分かった」と思うことはほとんどありません。心の底から「分かった」と思えない間は、「そういう考え方もあるのだな」という状態で保留扱いにしておきます。否定もしません。結論を急いで「分かった」と思おうとするのは間違いのもとです。「腑に落ちる」まで自分の頭で考え抜いているかどうか、私たちはもう少し慎重になったほうがいいと思います。

（出口 治明 『人生を面白くする本物の教養』による）

※ ネット空間 ……… 不特定多数の人が利用するインターネット上の空間。

※ バロメーター …… 物事をすい測したり判断したりする基準や目安。

お詫び

著作権上の都合により、文章は掲載しておりません。

ご不便をおかけし、誠に申し訳ございません。

教英出版

（行宗　蒼一『勉強っていやいやするもの？』による）

受検番号	
氏　名	

令和6年度

宮崎県立五ヶ瀬中等教育学校
宮崎県立宮崎西高等学校附属中学校
宮崎県立都城泉ヶ丘高等学校附属中学校

適 性 検 査 Ⅰ

11:10～12:00（50分）

（ 注 意 ）

1　指示があるまで，この表紙以外のところを見てはいけません。

2　検査用紙は，表紙をのぞいて12ページで，課題は全部で6題です。

3　解答用紙は3枚です。もう1枚は，計算やメモに使ってかまいません。

4　「始めなさい」の指示があったら，まず検査用紙と3枚の解答用紙に受検
　番号と氏名を書いてください。

5　検査用紙のページ数がまちがっていたり，解答用紙の枚数が足りなかった
　り，また，文字や図がはっきりしなかったりする場合は，だまって手をあげ
　てください。

6　課題の内容や答えなどについての質問には，答えられません。

7　「やめなさい」の指示があったら，すぐに筆記用具を置き，解答用紙を3
　枚ともうら返して机の上に置いてください。

　かなこさんは，同じ大きさの黒と白の立方体を使って，のような飾りを作ることにしました。飾りは，黒と白の立方体がすべて交互に組み合わさっており，大きな立方体の形をしています。

　かなこさんは，実際に，図1と図2の飾りを作り，ひろしさんと話をしています。

写真
（立方体を組み合わせて作った飾り）

図1　　　　　　　図2

※どちらの飾りにも表面や中身にすき間はなく，黒と白の立方体がぴったりとくっついています。

会話1

ひろし：　とてもきれいな飾りができたね。図1の飾りには，黒の立方体が（　ア　）個，白の立方体が（　イ　）個使われているね。

かなこ：　そうだよ。図2の飾りは，全部で（　ウ　）個の立方体を組み合わせて作ったんだ。黒と白の立方体の数は同じかなと思ったけれど，（　エ　）の立方体のほうが，（　オ　）個多かったよ。

問い1　会話1の（　ア　），（　イ　），（　ウ　），（　オ　）にあてはまる数を答えてください。また，（　エ　）にあてはまる色を答えてください。

　次に，ひろしさんは，形やデザインを変えた飾りを作りたいと考え，2種類の飾りを作ることにしました。1つは，図1と同じ飾りで直線をひいたもの（図3），もう1つは，外から中が見えるとう明な立方体を組み合わせた飾り（図5）です。

図3

※図1と同じ飾りで，3つの頂点をA，B，Cとして，それぞれ直線をひいたものです。

図4　（立方体をDEからFの方向に切った場合）

切り口の形

※DEとは，頂点Dと頂点Eを結ぶ直線のことです。

図5

※ 同じ大きさの小さい立方体を，たて，横，高さ
にそれぞれ3個ずつ組み合わせたもので，すべて
の小さい立方体の中に，色のついたボールを入れる
ことができます。

図6 （ボールを入れた飾りを3つの方向から見た図）

※【例】は，飾りの上から数えて1段目にボールを
2個入れた図を表しています。

2人は，ひろしさんが作った飾りについて，話をしています。

会話2

かなこ：	2種類の飾りを作ったんだね。図3は，どうやって形を変えるの。
ひろし：	図4のように，直線に沿って切ってみようと思うんだ。
かなこ：	切り口はどのようになるだろう。さっそく切ってみようよ。
ひろし：	すごい。①黒と白の模様ができたよ。
かなこ：	図5の飾りにも，同じ大きさのボールを，いくつか入れてみたんだね。
ひろし：	②上，正面，横の3つの方向から見ると，見え方がちがうよ。
かなこ：	私もひろしさんみたいに，オリジナルの飾りを作ってみよう。

問い2　会話2の下線部①について，図3を図4と同じようにＡＢからＣの方向に切ると，
切り口はどのようになりますか。次のア～エの中から1つ選び，記号で答えてください。
ただし，黒と白の立方体は，表面と同じ色が立方体の中までついているものとします。

ア 　　イ 　　ウ 　　エ

問い3　会話2の下線部②について，ひろしさんがボールを入れた飾りを，図6のように，
上，正面，横から見た図で表すと，下のようになりました。飾りの上から数えて1段目
から3段目に入っているボールの数を，それぞれ答えてください。

上 　　　　正面 　　　　横

－2－

　　６年１組の図書係のさとしさんとひかりさんは，学級全員に読書に関するアンケートをとり，夏休みに読んだ本の冊数<ruby>冊数<rt>さっすう</rt></ruby>をまとめることにしました。 資料 は，学級を１５人ずつの班<ruby>班<rt>はん</rt></ruby>（Ａ班とＢ班）に分けて整理したものです。２人は， 資料 をもとに，Ａ班とＢ班のどちらの班が，本をよく読んだといえるか，考えています。

資料

１組	読んだ本の冊数															合計	平均値<ruby><rt>へいきんち</rt></ruby>
Ａ班	2	3	5	5	5	5	5	7	8	8	9	9	10	10	11	102	6.8
Ｂ班	3	3	4	4	5	5	6	6	6	6	6	8	11	13	16	102	6.8

※資料は読んだ冊数が少ない方から順に並<ruby>並<rt>なら</rt></ruby>んでいます。また，資料の中の数を値<ruby>値<rt>あたい</rt></ruby>といいます。

会話１

さとし：	図書係では，夏休みに本をよく読んだ班に賞状をおくることにしたよ。
ひかり：	いい考えだね。 資料 にまとめてみると，Ａ班もＢ班も合計と平均値が同じ値になったね。
さとし：	そうなんだ。合計どうしを比べたり，平均値どうしを比べたりする方法では，どちらの班が本をよく読んだといえるか，判断できないね。
ひかり：	それなら，別の方法で比べてみようよ。
さとし：	そうだね。別の方法を考えて，どちらの班が本をよく読んだといえるか，判断してみよう。

問い１　 会話１ の下線部について，あなたならどのような方法を考えますか。 資料 をもとに，次の【条件】にしたがって，あなたの考えを答えてください。

【条件】
　　解答は，解答用紙にある 方法 → 説明 の順に記入してください。
(1)　 方法 には，Ａ班とＢ班を比べる方法を１つ書いてください。
(2)　 説明 には，(1)の方法で比べた場合，Ａ班とＢ班のどちらの班が，本をよく読んだといえるかを書いてください。また，そのように判断した理由も書いてください。

6年2組の図書係のかずきさんとさちこさんは，1組と同じようにアンケートをとり，夏休みに読んだ本の冊数を調べました。2人は，調べた結果を 図書だより にまとめています。

図書だより（一部）

「読書に関するアンケート」の結果を報告します。

◁ アンケート結果 ▷

○調査人数　学級全員 30 人
　　　　　（A班 16 人，B班 14 人）
○学級全員が読んだ本の冊数　189 冊

平均値は，
A班が 7.0 冊
B班が 5.5 冊
でした。

【グラフの見方】
1冊読んだ人が1人，
2冊読んだ人が3人
いることを表して
います。

グラフ（アンケート結果より）

会話2

かずき：　アンケート結果をもとに，グラフを作ってみたよ。
さちこ：　読んだ本が0冊という人はいなかったね。①4冊と8冊のところを書き加えれば，グラフができあがるね。
かずき：　となりの3組の結果も気になるね。2組の全体の平均値より高いのかな。
さちこ：　結果が楽しみだね。アンケートを整理しながら，②平均値について，どのようなことがいえるか，考えてみたよ。

問い2　会話2 の下線部①について，4冊と8冊のところを書き加えて，解答用紙にあるグラフを完成させてください。

問い3　会話2 の下線部②について，さちこさんは，学級の平均値について，ア〜エの考えをもちました。それぞれの考えが正しいかどうかを判断し，正しい場合は○，正しくない場合は×を解答用紙に記入してください。

　ア　6年3組が30人のとき，学級全体の平均値と読んだ冊数が同じになる人が，必ず1人はいる。
　イ　6年3組が30人のとき，それぞれが読んだ冊数と学級全体の平均値が，すべて同じになる場合がある。
　ウ　6年2組の全体の平均値は，A班とB班の平均値の和を2で割った値になる。
　エ　どの学級でも，学級全体の平均値より高い人と低い人の人数は，同じになる。

　たけるさんは，体育の時間にグラウンドを走ったときに，心臓がドキドキしてみゃくはく が速くなっているのを感じました。そこで，走るとみゃくはくがどう変化するか調べてみる ことにしました。走る前，走っている間，走った後のみゃくはくは，次の 表１ のような 結果になりました。たけるさんは，結果について先生と会話をしました。次の 会話１ ， 会話２ は，そのときの様子です。

表１

	走る前	走っている間	走り終えた直後	走った後10分後	走った後20分後	走った後30分後	走った後40分後
１分間のみゃくはく数（回）	７２	１２０	１１５	９５	８０	７２	７２

会話１

先　生：　走る前，走っている間，走った後のみゃくはくの変化で，どんなことに気づき ましたか。
たける：　運動するとみゃくはく数が急に増えます。運動した後，時間がたつにつれて しだいに少なくなってきて，３０分たつと，運動する前と同じみゃくはく数にもどっ ています。
先　生：　よく気がついたね。みゃくはくは，どの内臓のどのはたらきと関係があるかな。
たける：　心臓のはく動がみゃくはくとして表れます。
先　生：　では，運動しているとき，心臓のはく動が多くなるのは何のためだろう。血液の はたらきを思い出して，説明してごらん。

問い１　運動しているとき，心臓のはく動が多くなるのは何のためか，血液のはたらきと 結び付けて，説明してください。

会話２

先　生：　植物も動物と同じ生き物ですね。植物は，私たちと同じように呼吸をしていると 思いますか。
たける：　いいえ，思いません。植物は，光が当たっているとき，二酸化炭素を取り入れて， 酸素を出しています。呼吸とは逆です。
先　生：　「光が当たっているとき」といいましたね。では，光が少ししか当たらないとき や，光がまったく当たらないときはどうだろう。
たける：　調べてみます。

たけるさんは，植木鉢に植えた植物を使って，酸素と二酸化炭素の出入りを調べる実験を行いました。実験の目的 と 実験の方法 は，次のとおりです。ただし，空気は，袋から出入りしないものとします。

実験の目的

植物が二酸化炭素を吸収して，酸素を出すはたらきは，光の強さによって変わるかを調べる。

実験の方法

① 図A～Cのように，葉の枚数や大きさがほぼ同じ植物を用意し，ポリエチレンの袋で包んで，袋の中にストローで息を吹き込みました。
② 気体検知管を使って，袋の中の空気の酸素と二酸化炭素の割合を調べました。
③ 1時間後に②と同じ操作を行いました。
④ 調べた結果を 表2 にまとめました。

図

A 日の当たる場所に置いたとき

B 日かげに置いたとき

C 光が当たらないようにしたとき

箱の中の様子

表2

時刻	A 日の当たる場所に置いたとき		B 日かげに置いたとき		C 光が当たらないようにしたとき	
	酸素	二酸化炭素	酸素	二酸化炭素	酸素	二酸化炭素
13時 実験開始	約18％	約4％	約18％	約4％	約18％	約4％
14時	約20％	約2％	約19％	約3％	約17％	約5％

問い2　植物を日の当たる場所に置いたときと日かげに置いたときの結果から，どのようなことがいえますか。実験の目的 をふまえて答えてください。

問い3　表2 から，植物は呼吸をしているといえますか。その理由も答えてください。

かおるさんは，図書館で借りた本の中に，「私に支点をあたえよ。そうすれば地球も動かしてみせる。」という歴史上の人物の言葉を見つけて，てこに興味をもちました。次の 会話1，会話2 は，かおるさんとしげるさんの会話の様子です。

会話1

かおる：　てこってすごいんだね。「支点さえあれば地球でも動かすことができる。」と本に書いてあったよ。

しげる：　地球を動かす実験なんてここではできないから，単純な実験用のてこを使って，てこの実験をしてみよう。

かおる：　てこがつりあっているとき，どんなきまりがあるのかな。

しげる：　おもりの重さと支点からのきょりをかけ算したときの答えが，支点の右と左で同じときにつりあうようになっているよ。

かおるさんとしげるさんは，図1 のような実験用てこを使って，力の大きさをおもりの重さで表し，どんなときにつりあうか調べてみました。資料 を参考にあとの問いに答えてください。

図1

資料

てこのうでをかたむけるはたらきは，「おもりの重さ×支点からのきょり」で表すことができる。このはたらきが左右で等しいとき，てこは水平につりあう。

図1 の場合は，
左うで　10×2＋20×5＝120
右うで　20×6＝120

問い1　左うでのめもり3に30gのおもりをつるし，さらに左うでのめもり6に20gのおもりをつるして，てこが水平につりあうのは，右うでのめもり3とめもり5に10gのおもりをそれぞれ何個ずつつるしたときでしょうか。つるすおもりの数が少なくてすむ場合について答えてください。ただし，めもり3とめもり5の片方だけにおもりをつるしてもよいものとします。

会話2

しげる：　この実験用てこの片方につるすおもりを，ばねにしてみたらどうなるかな。

かおる：　おもしろそうだね。ここに3本のばねがあるよ。まずは，それぞれのばねののび方を調べてみよう。

作文用紙

受検番号　　氏　名

問い一

問い二

問い三

○題や氏名を入れずに一行目から書いてください。

※一

※二

※三

（注意）※印のところは記入しないこと

| 課題 2 | | ※ 課題 2 |

| 問い1 | 方法 |
| | 説明 |

| 問い2 | |

図：横軸「（冊）」0〜10、縦軸「（人）」0〜10 のグラフ

| 問い3 | ア | | イ | | ウ | | エ | |

	3	

課題 4

問い1	
問い2	cm
問い3	ばね
	理由

※ 課題 4

問い3	A	
	B	

課題 6

問い1		
問い2		
問い3	A	
	B	

※ 課題6

| 受 検 番 号 | | 氏　　名 | | 【3枚目】 |

令和6年度

宮 崎 県 立 五 ヶ 瀬 中 等 教 育 学 校
宮 崎 県 立 宮 崎 西 高 等 学 校 附 属 中 学 校
宮 崎 県 立 都 城 泉 ヶ 丘 高 等 学 校 附 属 中 学 校

適性検査I　解答用紙

（注意）　※印のところは
記入しないこと

※ 計	

課題 5

問い1	

問い2	A

※　課題5	

受 検 番 号		氏　　名		【2枚目】

○　　　　　　　　　　　　　　　　　　○

令和6年度

宮 崎 県 立 五 ヶ 瀬 中 等 教 育 学 校
宮 崎 県 立 宮 崎 西 高 等 学 校 附 属 中 学 校
宮 崎 県 立 都 城 泉 ヶ 丘 高 等 学 校 附 属 中 学 校

適性検査Ｉ　解答用紙

（注意）　※印のところは
記入しないこと

※ 計	

課題 3

問い1		※　課題3
問い2		

【解答

| 受 検 番 号 | | 氏 　 名 | | 【1枚目】 |

○　　　　　　　　　　　　　　　　　　○

令和6年度

宮 崎 県 立 五 ヶ 瀬 中 等 教 育 学 校
宮 崎 県 立 宮 崎 西 高 等 学 校 附 属 中 学 校
宮 崎 県 立 都 城 泉 ヶ 丘 高 等 学 校 附 属 中 学 校

適性検査Ⅰ　解答用紙

(注意)　※印のところは
記入しないこと

| ※ 計 | |

（配点非公表）

課題 1

				個	イ			個	ウ		個

問い1

	エ			オ		個			

問い2

| ※　課題 1 | |

【解答

（このマスは下書き用です。実際の解答用紙ではありません。）

400　　　　　　　　　300　　　　　　　　　200

	※計

（配点非公表）

【解答

かおるさんとしげるさんは，図2のようにA，B，Cの3本のばねにいろいろな重さの
おもりをつり下げ，ばねの長さをはかりました。
　図3は，3本のばねにつり下げたおもりの重さと，ばねの長さの関係をグラフに表した
ものです。

問い2　何もつるさないときのばねAの長さは何cmになるか，答えてください。

　かおるさんとしげるさんは，図4のように，実験用てことゆかまでの高さを75cmにし
て，右うでのめもり3のところに100gのおもりをつるし，左うでのめもり6のところに
ゆかに固定したばねを取り付けました。

問い3　3本のばねのうちの1本が，ちょうどてことゆかまでの高さと同じ75cmの長さに
　　　なったときに，てこは水平につりあいました。A，B，Cのうち，どのばねを使ったの
　　　でしょうか。また，そう考えた理由を説明してください。ただし，ばねの重さは考えな
　　　いものとします。

ひとみさんのグループでは，自分が興味のある都道府県について調べ学習を行い，考えたことなどをグループで話し合いました。

会話1

ひとみ：	私は広島県について調べました。広島県には，中国地方の都市の中で一番人口の多い広島市があります。
たかし：	広島市では２０２３年，Ｇ７サミットが開催されていたね。Ｇ７の国は日本，アメリカ，カナダ，イギリス，フランス，イタリア，ドイツだね。
しんご：	Ｇ７の国はすべて※国際連合に加盟しているよ。国際連合はどのような組織なのかな。

※国際連合：１９４５年に世界の平和と安全を守るために設立された組織。加盟している国は，１９３か国（２０２３年現在）である。

問い1　ひとみさんは，しんごさんの疑問に対して，資料１，２を見つけました。
　　　資料１，２から読み取ることができない内容を，下のア～エから１つ選び，記号で答えてください。

資料1　国際連合における※分担金の割合（2020年）

総額28億6700万ドル
アメリカ 22.0%
中国 12.0
日本 8.6
ドイツ 6.1
イギリス 4.6
フランス 4.4
イタリア 3.3
その他 39.0

※分担金：加盟国が国際連合の活動のために出しているお金。

資料2　国際連合「安全保障理事会」について

【目的】
　世界の平和と安全の維持
【構成】
○　常任理事国５か国
　　（中国，ロシア，フランス，イギリス，アメリカ）
　　・　国際連合が発足してから変更はない。
○　非常任理事国１０か国
　　・　非常任理事国は任期が２年で，全加盟国の投票によって選ばれ，毎年半数が改選される。
【理事会の取り決め】
○　安全保障理事会の決議において，常任理事国の１か国でも反対した場合，成立しない。

ア　日本は加盟国の中で３番目に多く分担金を負担している。
イ　Ｇ７の国の中で常任理事国に入っている国は，３か国である。
ウ　分担金の割合上位７か国の中に，すべての常任理事国が入っている。
エ　安全保障理事会の決議において，１４か国が賛成しても，フランスが反対すれば成立しない。

会話2

しんご：	私は山口県を調べました。一番西には，下関市があります。
ひとみ：	壇ノ浦の戦いで有名なところだよね。
たかし：	そういえばこの前，社会科の授業で「下関」という名前のついた条約が出てきたよね。
しんご：	明治時代に起きた日清戦争の後で結ばれた条約だったはずだよ。その戦争のことなど，先生に聞いてみよう。

問い2 しんごさんは，日清戦争のことについて先生に聞いたところ，資料3，4 をもらいました。しんごさんが考えたこと の A と B にあてはまる内容を，資料3，4 をもとに答えてください。

資料3	日清戦争について
戦った国	清（今の中国）
戦争の起こった年	１８９４年
戦争の結果	日本が勝利
日本の戦死者	約１万４千人
日本が使った戦争の費用（当時の価値）	約２億３千万円
講和条約の名前	下関条約
条約の内容（主なもの）	・清が日本に賠償金を支払う。（当時の価値で約３億１千万円） ・清が日本に遼東半島，台湾，澎湖諸島をゆずる。

資料4	日露戦争について
戦った国	ロシア
戦争の起こった年	１９０４年
戦争の結果	日本が勝利
日本の戦死者	約８万４千人
日本が使った戦争の費用（当時の価値）	約１８億３千万円
講和条約の名前	ポーツマス条約
条約の内容（主なもの）	・賠償金はなし。 ・ロシアが日本に樺太の南半分をゆずる。 条約の内容に国民が不満をもった。

しんごさんが考えたこと

どちらの戦争も日本が勝ったけど，日露戦争は日清戦争と比べて A にもかかわらず，ポーツマス条約の内容が下関条約と比べて B など，利益が少なかったことから，国民は不満をもったのではないかな。

会話3

たかし：　私は，下関市からすぐに行ける福岡県について調べました。
ひとみ：　地図を見ると，北九州と福岡に空港があるよ。

問い3 たかしさんは，福岡県の空港についてまとめた資料5 から，ある疑問をもち，資料6 から，その疑問に対する答えを予想しました。 A と B にあてはまる内容を，資料5，6 をもとに答えてください。

資料5	福岡空港と北九州空港の比較		
		福岡空港	北九州空港
①	１日の乗降客数	58,542人	3,610人
②	国内線の就航路線	２７路線	１路線
③	国際線の就航路線	１８路線	１路線
④	営業時間（法律上ではなく実際の時間）	７時～２２時	２４時間営業

※①は２０１７年，②・③は２０２３年１０月現在　（「日本と世界の統計データ」他より作成）

資料6	空港の立地場所

北九州空港
小倉
人工の島に立地している。

博多
福岡空港
人が多く住んでいる場所に立地している。

たかしさんの疑問
福岡空港は北九州空港に比べて乗降客数や就航路線が多いのに，なぜ A のだろうか。

➡

疑問に対する予想
人が多く住んでいるところに立地しており，B に配慮しているからではないか。

課題6

　たまきさんは，夏休みに家族旅行で京都と大阪に行きました。京都は平安京という都が置かれてから栄えたことを知り，平安時代の人々の生活について先生と話をしました。

会話1

先　生：　資料1 は，平安時代，ある地域に住んでいる人たちの※「戸籍」をグラフで表したものです。何か気づいたことがありますか。
たまき：　女性の割合が非常に高いです。
先　生：　そうですね。しかし，この戸籍は本当の情報ではありません。その理由は，資料2 を見れば分かると思います。どうでしょうか。
たまき：　なるほど。　　　　　ために，戸籍には女性として申告していたのですね。

※「戸籍」：朝廷がどこにだれが住んでいるかを把握し，税や兵士を集めるための記録で，それぞれの地域から申告されたもの。

資料1 ある地域の戸籍をもとに作成したグラフ

（「平安遺文」より作成）

資料2 律令制で定められた「税」

対象	種別	税の名	内　容	負担の範囲
6歳以上の男女	品物	租	口分田の面積に応じて（稲の収穫の約3％）	口分田は，戸籍にもとづきあたえられる
※成人男性	品物	調	特産物（絹・糸・布製品）	都まで運んで納める（食料は自分で負担）
		庸	麻布（労役の代わり）	
	労役	雑徭	年60日以内	池・堤などの土木工事
成人男性3～4人に1人	兵役	軍団	年36日以内	食料・武具は自分で負担（調・庸などを免除）
		衛士	都で1年間	
		防人	九州北部で3年間	

※成人男性：21歳～60歳までを表している。

問い1　会話1 の　　　　　にあてはまる内容を，資料2 をもとに答えてください。

問い2　たまきさんは，大阪に行った際に，ある古墳を見学しました。次の 説明 を読んで，たまきさんが通った 略地図 のルートとして適切なものを，後のア～カから1つ選び，記号で答えてください。

説明

○　たまきさんが駅をおりてしばらく歩くと交番があり，道を聞くと「まず南に行って，病院のところで西に行くと消防署があるので，そこで聞きなさい。」といわれた。
○　次に消防署まで行くと「南に行くと図書館がある。そこから西に向かって行くと右手に神社があり，そのまま行くと交番があるのでそこで聞きなさい。」といわれた。
○　次に交番では，「南東に行くと消防署があるから，そこを南西に曲がれば博物館がある。」といわれ，そのとおりに行くと博物館があり，すぐそばの古墳を見学した。

略地図

ア　A駅→**1**のルート
イ　A駅→**2**のルート
ウ　A駅→**3**のルート
エ　B駅→**①**のルート
オ　B駅→**②**のルート
カ　B駅→**③**のルート

たまきさんは，大阪を訪（おとず）れた際のできごとについて 資料3，4，5 を見つけ，その資料をもとに友達と話しました。

会話2

たまき：　大阪では右のようなマークが貼（は）ってある※「ハラール認証店（にんしょうてん）」とよばれるお店を見つけたよ。

かいと：　なぜこのようなお店があるのだろう。

もとき：　資料3 から **A** ということがわかるね。

あゆみ：　本当だ。資料4，5 から **B** ためではないかな。

HALAL
CERTIFIED
COMPANY
JHA
NPO JAPAN HALAL
ASSOCIATION
JHAS1002:2019

※ハラール認証店（にんしょうてん）：イスラム教徒の人々のための「ハラールフード」を提供（ていきょう）しているお店。

資料3　マレーシア・インドネシアの訪日（ほうにち）観光客数（すいい）の推移

（「日本政府観光局資料」より作成）

資料4　マレーシア・インドネシアの宗教人口（しゅうきょう）の割合

□イスラム教　□キリスト教　□ヒンドゥー教　□仏教　■その他

マレーシア　63.5%　9.1　6.1　18.7　2.6

インドネシア　86.7　1.7　0.8　10.7　0.1

（「ジェトロ資料」他より作成）

資料5　イスラム教徒の食事について

豚（ぶた）やアルコール（料理酒，みりんなどを含（ふく）む），宗教上の適切な処理（しょり）が施（ほどこ）されていない肉を食べてはならない。食材だけでなく，料理をする場所や工程などにも細心の注意を払（はら）う。

問い3　会話2 の **A** にあてはまる内容を，資料3 をもとに答えてください。また，**B** にあてはまる内容については，資料4，5 を関連づけて，「**食事**」という語句を使って答えてください。

課題用紙③

問い一　【資料A】に、「結論を急いで『分かった』と思おうとするのは間違いのもとです」とありますが、筆者がどのような考えからこう述べているのか説明してください。

問い二　【資料B】に、「ピカソ＝天才画家という世間の評価に屈しているんじゃないか」とありますが、「世間の評価に屈する」とはどういうことなのか説明してください。

問い三　【資料A】、【資料B】に共通している筆者の考えに対するあなたの考えを、次の（条件）にしたがって書いてください。

（条件）

①　はじめに、【資料A】、【資料B】に共通している筆者の考えをまとめて書いてください。

②　次に、①で書いた筆者の考えをふまえたうえで、あなたが大切にしたい考え方について、自分の体験や具体例を示しながら書いてください。

③　三百字以上、四百字以内で書いてください。

※
受性。

革新的
……
これまでの制度、習慣、方法などを変えて、新しくしようとするさま。

K教英出版

【資料A】、【資料B】を読んで、後の問いに答えてください。

※がついている言葉は、後に説明があります。

【資料A】

「自分の頭で考える」際には、「腑に落ちる」という感覚が一つの※バロメーターになります。本当に自分でよく考えて納得できたとき、私たちは「腑に落ちる」という感覚を抱きます。この感覚は大変重要です。

ところが、「腑に落ちる」ことも、また少々軽視されているところがあります。たとえば、何か分からないテーマや事柄があったとして、それについて誰かが説明していたら、その説明を聞いただけで、もう分かったつもりになっている、といったことはないでしょうか。

とくに最近は安直に「答え」をほしがる傾向があり、それに応じてきれいに整えられた「答え」や、一見「答え」のように見える情報が、※ネット空間などにはあふれています。ランキング情報やベストセラー情報などは、その最たる例です。あるいは情報がコンパクトにまとめられたテレビ番組もたくさんあります。多くの人が、まるでコンビニへ買い物にでも行くかのように「答え」の情報に群がり、分かった気になっています。

誰かの話をちょっと聞いただけで「分かった」と思うのは安易な解決法です。立派そうな人の本を読んで「なるほど、その通りだな」と思い、翌日に反対の意見を持つ人の本を読んで「うっ、こりゃないな」と思ったりするのは、結末があります。自分の頭で考

（　注　意　）

一　指示があるまで、表紙（この用紙）以外のところを見てはいけません。

二　検査用紙は、表紙一枚、課題用紙三枚、作文用紙一枚の計五枚です。

三　「始めなさい」の指示があったら、まず受検番号と氏名を、作文用紙の決められた欄に書いてください。

四　声を出して読んではいけません。

五　印刷がはっきりしなかったり、課題用紙や作文用紙が足りなかったりした場合は、だまって手をあげてください。

六　課題の内容などについての質問には答えられません。

七　「やめなさい」の指示があったら、すぐに筆記用具を置き、表紙（この用紙）を上にして机の上に置いてください。

令和五年度

宮崎県立五ヶ瀬中等教育学校
宮崎県立宮崎西高等学校附属中学校
宮崎県立都城泉ヶ丘高等学校附属中学校

「作 文」

午前九時三十分〜午前十時十分（四十分）

動物たちがそれを見て
「そんなことをして
いったい何になるんだ」
といって笑います

クリキンディは
こう答えました

「私は、私にできることをしているだけ」

（辻　信一『ハチドリのひとしずく』光文社による）

※　ハチドリ　……　ハチドリ科の鳥で、小さい鳥として知られている。

【資料B】

この本の絵を描いてくれたのは、ぼくの長年の友人であるカナダの先住民族ハイダのマイケルです。彼との打ち合わせの中でこんなやりとりがありました。ぼくの最初の英訳の中に「普段大威張りの大きな動物たちが……ハチドリをバカにして……」という表現があり、彼はそれにひっかかったのです。「これではハチドリが正義で、ほかの動物たちが悪だ、という話になってしまう」と、彼は感じたというのです。先住民に伝わる元々の話にそんな善悪の区別などなかったのではないか、という彼の意見にぼくは心を開かれる思いがしました。

またマイケルはこうも言いました。「怒りや憎しみに身をまかせたり、他人を批判したりしている暇があったら、自分のできることを淡々とやっていこうよ。クリキンディはそう言っているような気がするんだ」。

ぼくたち人間は、すべての生きものの中で最大の力をもつようになりました。残念ながらその力はしばしば、人間同士傷つけ合ったり、自然環境を壊したりすることに使われてきました。でも幸いなことに人間は、小さな地球人として、そのことを自覚することができます。そしてその気になれば、力を合わせて水のしずくをたくさん集め、燃えている森の火を消すだけの力をもっています。

受検番号	
氏　名	

令和５年度

宮崎県立五ヶ瀬中等教育学校
宮崎県立宮崎西高等学校附属中学校
宮崎県立都城泉ヶ丘高等学校附属中学校

適 性 検 査 Ⅰ

【 第 １ 部 】

10:30〜11:20（50分）

（ 注 　 意 ）

1　指示があるまで，この表紙以外のところを見てはいけません。

2　検査用紙は，表紙をのぞいて１２ページで，課題は全部で６題です。

3　解答用紙は３枚です。もう１枚は，計算やメモに使ってかまいません。

4　「始めなさい」の指示があったら，まず検査用紙と３枚の解答用紙に受検番号と氏名を書いてください。

5　検査用紙のページ数がまちがっていたり，解答用紙の枚数が足りなかったり，また，文字や図がはっきりしなかったりする場合は，だまって手をあげてください。

6　課題の内容や答えなどについての質問には，答えられません。

7　「やめなさい」の指示があったら，すぐえんぴつを置き，解答用紙を３枚ともうら返して机の上に置いてください。

　よしこさんとゆきえさんは，マラソン大会に向けて走る練習をしました。2人は同じ位置から同時にスタートして，同じコースを走りました。記録係のたけしさんは，よしこさんの走った時間と道のりを グラフ1 と グラフ2 に表しました。

グラフ1 （よしこさんの記録）
スタートからの時間と走った道のりの関係を表した折れ線グラフ

├─区間A─┤├─区間B─┤├─区間C─┤

グラフ2 （よしこさんの記録）
スタートしてから走った道のりを2分ごとに計測したグラフ

区間A	スタートから2分まで
区間B	2分から4分まで
区間C	4分から6分まで

※走った道のりを棒の高さで表しています。また，それぞれの区間内において，走った速さは変わりません。

　よしこさんとたけしさんは，2つのグラフを見ながら話をしています。

会話1

> よしこ：　6分間で600mを走ったよ。グラフ1 を見ると，2分ごとに線のかたむきが変わっているね。
>
> たけし：　なぜ，線のかたむきが変わるのか，分かるかな。
>
> よしこ：　それぞれの区間で走った道のりがちがうからだね。
>
> たけし：　そうだよ。それぞれの区間で計測した時間は同じだから，グラフ2 から速さを比べることもできるね。
>
> よしこ：　区間Aの速さは，区間Cの速さの（　ア　）倍になることが分かるね。

問い1　グラフ2 の □ にあてはまる数を答えてください。

問い2　会話1 の（　ア　）にあてはまる数を答えてください。

たけしさんは，ゆきえさんの走った時間と道のりを グラフ３ に表しました。

グラフ３ （ゆきえさんの記録）
スタートしてから走った道のりを２分ごとに
計測したグラフ

区間Ａ	スタートから２分まで
区間Ｂ	２分から４分まで
区間Ｃ	４分から６分まで

※走った道のりを棒の高さで表しています。また，
それぞれの区間内において，走った速さは変わり
ません。

ゆきえさんとたけしさんは，グラフを見ながら話をしています。

会話２

たけし： グラフ３ から，６分間で（ イ ）mを走ったことが分かるね。
ゆきえ： 途中でよしこさんに追いつくことができたよ。
たけし： スタートしてから何分後に追いついたか，分かるかな。
ゆきえ： 私がよしこさんに追いついたのは，スタートしてから（ ウ ）分後だね。
たけし： もっと速く走れるように，練習をがんばろうね。

問い３ 会話２ の（ イ ），（ ウ ）にあてはまる数を答えてください。

ひろきさんの小学校では，修学旅行の自主研修で施設を見学します。ひろきさんは，同じ班のはなこさんと施設を見学するコースを考えています。 修学旅行のしおり には，駅からの地図と見学できる施設，コースを決めるときのルールがのっています。

修学旅行のしおり （一部）

【コースを決めるときのルール】
①　出発地点は駅です。最後にもどってくる地点も駅です。

②　同じ道は，1回しか通りません。

③　1つの施設につき，見学する回数は1回だけです。

④　通った施設は，必ず見学します。

ひろきさんとはなこさんは，コースについて話をしています。

会話1

ひろき：　私は，工場と美術館を見学したいな。

はなこ：　工場と美術館の2か所だけを見学するコースは，「駅→工場→美術館→駅」と「駅→美術館→工場→駅」の2通りあるね。

ひろき：　2か所だけ見学するコースは，他にもあるから，全部で（　ア　）通りのコースが考えられるね。

はなこ：　私は，博物館を見学したいな。

ひろき：　博物館を入れて，3か所だけ見学するコースは，全部で（　イ　）通りあるね。

問い1　 会話1 の（　ア　），（　イ　）にあてはまる数を答えてください。

班で話し合った結果，すべての施設を見学することになりました。ひろきさんは，自主研修にかかる時間について，図のような計画を立てました。

図 （ひろきさんが立てた計画）

・自主研修の時間は，午前9時〜正午
・正午までには駅にもどってくる。
・1つの施設の見学時間は30分
・施設の間の移動時間
　━━━━━　20分
　─────　15分
　‐‐‐‐‐　10分

会話2

はなこ：　すべての施設を見学することになったけど，時間が足りるかな。

ひろき：　1つの施設の見学時間は30分だから，移動時間の合計が（　ウ　）分より多くかかってしまうと，正午に間に合わなくなるね。

はなこ：　そうだね。時間に気をつけて，コースを考えてみようよ。

ひろき：　すべての施設を見学しても，正午までにもどってくることができるコースは，
　　　　　　　　　　　　　　があるね。

問い2　会話2の（　ウ　）にあてはまる数を答えてください。

問い3　会話2の　　　　　　　にあてはまるコースを1つ答えてください。

－ 4 －

ちとせさんとかずおさんは，ものの燃え方について調べるため，のようにふたをした集気びんの中で，ろうそくを燃やす前と燃やして火が消えた後の集気びんの気体の体積の変化を調べました。表は，そのときの結果です。また，会話は，そのときの様子です。

図１

ふた

集気びん

火をつけた
ろうそく

表

	ちっ素の体積	酸素の体積	二酸化炭素の体積
燃やす前	約７８％	約２１％	約０.０４％
火が消えた後	約７８％	約１７％	約３％

会話

> ちとせ： ろうそくの火が消えたのは，酸素と二酸化炭素のどちらの気体が原因なのかな。
> かずお： 私は，二酸化炭素の体積が増えたから，ろうそくの火が消えたと思うよ。
> ちとせ： 私は，二酸化炭素の体積の変化は関係なく，酸素の体積が減ったからだと思うよ。

問い１　かずおさんは，下線部のように予想をしました。次の条件①～③の集気びんを準備し，火のついたろうそくを入れたとします。かずおさんの予想が正しい場合，それぞれどのような結果になると考えられますか。下のア，イの中からそれぞれ１つずつ選び，記号で答えてください。

条件	ちっ素の体積	酸素の体積	二酸化炭素の体積
①	７９％	２１％	０％
②	７５％	２１％	４％
③	７１％	２１％	８％

ア　ろうそくの火は，すぐに消えた。

イ　ろうそくは，しばらく燃えた。

調べた結果，ちとせさんの予想が正しいことが分かりました。さらにものの燃え方を調べるために，かずおさんとちとせさんは，次のような 実験 を行いました。

実験
① 平らにしたねん土に，短いろうそくと長いろうそくを2本立てて，火をつけた。
② 図2 のように底のないびんをかぶせ，ふたをした。
③ 2本のろうそくの火が消える様子を観察した。

図2

ふた

底のないびん

ねん土

問い2　かずおさんとちとせさんは， 実験 の結果とその理由について，次のようにまとめました。　①　にあてはまる言葉を，下のア〜ウの中から1つ選び，記号で答えてください。また，　②　，　③　にあてはまる言葉をそれぞれ入れて，文を完成させてください。

結果　ろうそくの火は，　　　①　　　。

理由　ろうそくが燃えて発生した二酸化炭素は，
　　　　　　　②　　　　　，集気びんの中
の酸素は，　　　　　③　　　　　から。

ア　短いろうそくが，先に消えた
イ　長いろうそくが，先に消えた
ウ　どちらも同時に消えた

しげおさんは，ばねに興味をもち，先生に質問をしました。次の 会話 は，そのときの様子です。

会話

しげお：	ばねは輪ゴムと似ていますね。
先　生：	どうしてそう思ったのですか。
しげお：	輪ゴムのように引っ張るとのびて長くなるからです。
先　生：	ばねを引く力とばねの長さには関係がありそうだよ。
しげお：	どんな関係があるのか興味があるので，実験して調べてみようと思います。
先　生：	それはいいですね。いっしょにやりましょう。

しげおさんと先生は， 図１ のような装置で 実験１ を行い，結果を 表 にまとめました。

実験１

① 図のような装置を組み立て，５cmのばねをつるす。

② ばねにおもりをつるし，ばねの長さをはかる。

③ おもりの重さを変えて，同じように調べる。

図１

ばね

表

おもりの重さ（g）	ばねの長さ（cm）
１０	５．５
２０	６．０
３０	６．５
４０	７．０
７０	８．５
８０	９．０
１７０	１３．５

問い１　ばねに５０gのおもりをつるしたときのばねの長さを答えてください。

問い２　ばねを６cmのばすためには，何gのおもりをつるせばよいか答えてください。

しげおさんは，図2のように，おもりをばねで持ち上げる実験2とその結果を見つけました。ただし，ばねは実験1と同じのび方をするばねを使い，ばねの重さは考えなくてよいものとします。

実験2
① 図2のように，重さが４０ｇのおもりをゆかに置いて，ばねの一方をおもりにつけ，もう一方を手で持った。
② ばねがのびていない状態のとき，ばねを持った手の高さをＡとし，この状態からばねをゆっくりと４cm引きあげた。

結果
　　ばねを持った手が，Ａから２cm高くなったとき，おもりがゆかからはなれた。

図2

ゆっくりと
引き上げる

Ａ

ばね
おもり
ゆか

問い3　実験2について，Ａからの高さを横じくに，ばねののびを縦じくに表したグラフを次のア～エから１つ選び，記号で答えてください。
　　　ただし，おもりがゆかからはなれているときの手がばねを引く力の大きさは一定であったものとします。

ア

イ

ウ

エ

課題5

　こはるさんの学校では，修学旅行の行き先について，資料1 の3つの候補地の中から各クラスで話し合って選んだ結果を参考にすることになっています。こはるさんのクラスで希望をとると，資料2 のようになりました。

資料1	修学旅行の候補地

高千穂峡　　　　　　　えびの高原　　　　　　　都井岬

（出典：宮崎県観光協会）

資料2	こはるさんのクラス（36人）の希望

※クラス全員が，候補地のうち第3希望までを選ぶ

第1希望	第2希望	第3希望	人数
高千穂峡	えびの高原	都井岬	7人
高千穂峡	都井岬	えびの高原	3人
えびの高原	高千穂峡	都井岬	10人
えびの高原	都井岬	高千穂峡	2人
都井岬	高千穂峡	えびの高原	6人
都井岬	えびの高原	高千穂峡	8人

会話1

こはる：　資料2 を見ると，第1希望を「都井岬」にしている人が合計14人で最も多いから，これになりそうだね。

ゆうが：　ちょっと待ってよ。本当にその決め方でいいのかな。

ちひろ：　たしかに，□□□□□□ということを考えると，別の候補地の方がいいような気もするね。

問い1　会話1 の□□□□□□にあてはまる内容として最も適切なものを，次のア〜エから1つ選び，記号で答えてください。

　　ア　第1希望を「高千穂峡」にしている人が最も少ない

　　イ　第2希望を「えびの高原」にしている人が最も少ない

　　ウ　第3希望を「都井岬」にしている人が最も多い

　　エ　「高千穂峡」よりも「都井岬」の方が人気がある

会話2

　先　生：　何かを決めるのって，そんなに簡単（かんたん）なことではないですよね。ここで，みなさんの知らないルールを教えましょう。　資料3　の「ボルダルール」を，決める際の参考にしてみてください。

　ゆうが：　「都井岬」について考えてみると，第1希望の計14人に3点で42点，第2希望の計5人に2点で10点，第3希望の計17人に1点で17点，全部合わせて69点ということですね。

　こはる：　なるほど，ボルダルールのやり方で計算してみると，点数が一番高い候補地は　　①　　で，点数は　　②　　点ということになるんだ！

　ゆうが：　でも，複雑な計算が必要で，時間と手間がかかるね。

資料3	ボルダルールの説明

　3つの候補があった場合に，第1希望には3点，第2希望には2点，第3希望には1点をあたえる。

　それぞれ候補を選んだ人数分の点数をつけ，その点数の合計が一番高い候補に決定する。

問い2　　会話2　の　　①　　にあてはまる候補地と　　②　　にあてはまる点数を答えてください。

会話3

　ちひろ：　多数決の決め方と，ボルダルールの決め方とで，結果が変わってしまったね。

　こはる：　「物事の決め方」について，どう考えればいいんだろう？

　ゆうが：　これまでのみんなの会話もふまえると，　　　　　　　　ということなんじゃないかな。

問い3　　会話3　の　　　　　　にあてはまる内容として適切なものを，次のア～オから2つ選び，記号で答えてください。

　　ア　決め方で結果が変わるので，話し合いで物事を決めることはできない
　　イ　どんな決め方が良いのか，しっかりと話し合って選ぶことが大切だ
　　ウ　ボルダルールは良くない決め方だが，多数決は良い決め方である
　　エ　多数意見の方が正しいので，少数意見を尊重する必要はない
　　オ　どの決め方にも長所と短所があり，完璧（かんぺき）な決め方というものはない

課題6

　まことさんは，授業で日本の製鉄所のことを調べることになり，資料を集めてまとめました。

| 資料1 | 日本のおもな製鉄所の分布 |

★：1926年までにつく
　　られたおもな製鉄所
□：★の製鉄所がつく
　　られたころのおもな
　　石炭の産地
●：1955年以降につく
　　られたおもな製鉄所

(出典：「日本国勢図会 2020/21」他より作成)

| 資料2 | 鉄のつくられ方 |

　鉄鉱石とコークス（石炭をむし焼きにしたもの），石灰石を高炉に入れ，高温で熱してとけた鉄がつくられます。

【鉄鉱石】
【石灰石】
【コークス】
高炉

| 資料3 | 日本の石炭の生産量と輸入量の推移 |

（万t）

- - - - 生産量
―――― 輸入量

(出典：2006年「数字で見る日本の100年」より作成)

問い1　資料1 の★の場所に，製鉄所がつくられた理由について，資料1 と 資料2 から読み取ることができる，最も適切なものを，次のア～エから1つ選び，記号で答えてください。

　ア　原料となる石炭がとれるところに近いから。
　イ　大きな川に近いから。
　ウ　人口の多い大都市に近いから。
　エ　原料となる鉄鉱石がとれるところに近いから。

問い2　まことさんは，1955年以降につくられた 資料1 の●の製鉄所がどのような場所につくられたのか，資料3 をもとに考え，まとめました。次の まことさんのまとめ① の　ア ，　イ　にあてはまる内容を 資料1 と 資料3 を関連づけて，答えてください。

| まことさんのまとめ① |

　1955年以降につくられた製鉄所は，資料3 から，　ア　ので，資料1 から，　イ　ことが分かります。

問い3　まことさんは，現在の日本の製鉄所における技術に関して興味をもったので，資料を集め，その資料をもとにまとめました。次の まことさんのまとめ② の内容のもとになった資料として，適切なものを下のア～エから**2つ**選び，記号で答えてください。

まことさんのまとめ②

　鉄をつくる際に発生するガスを回収して，そのガスを発電などにほぼ１００％利用している。このように，日本は省エネルギー技術の普及率が高く，省エネルギーに役立っている。

　そのため，鉄をつくるのに消費するエネルギーが他国と比べて少ないので，地球温暖化の原因といわれる二酸化炭素の排出量も，鉄をつくる際には少なくなるだろう。

ア

【 日本の鉄鋼製品のおもな輸出先 2020年 】

合計 3214万トン
中国 586万トン
韓国 481万トン
タイ 381万トン
台湾 245万トン
ベトナム 238万トン
インドネシア 153万トン
メキシコ 133万トン
その他 997万トン

(出典：「ハッラツ鉄学」より作成)

イ

【 省エネルギー技術の普及余地の比較
（GJ/t粗鋼）2017年 】

アメリカ／ドイツ／EU(28)／日本／韓国／中国／インド／ロシア（横軸 0～3）

※普及余地…広くいきわたることができる余りの部分
※GJ/t粗鋼…鉄を1トン製造するエネルギー消費量の単位
※EU(28)…ヨーロッパ連合に加盟している28か国

(出典：「日本鉄鋼連盟資料」他より作成)

ウ

【 鉄を1t製造するのに消費するエネルギー量の比較
（日本を100とした場合）2015年 】

日本 100／韓国 103／ドイツ 109／中国 116／イギリス 117／フランス 119／ブラジル 122／インド 123／ロシア 128／アメリカ 130

(出典：「地球環境産業技術研究機構」より作成)

エ

【 水の再利用（用水処理の設備） 】

製鉄所で使った水を再利用する設備で，90％以上の水を再利用している。

(出典：「日本製鉄ホームページ」より作成)

Ⓚ 教英出版

【適Ⅰ

問い一　【資料A】に、「私は、私にできることをしているだけ」とありますが、ここでの「私にできること」とはどのようなことでしょうか。書いてください。

問い二　あなたは、世界的な問題や身の回りの問題などに対して、どのように関わっていこうと考えますか。次の（条件）にしたがって、あなたの考えを書いてください。

（条件）
①　はじめに、あなたが問題だと考えることを書いてください。

②　次に、【資料A】と【資料B】の内容をふまえて、①で書いた問題に対して、あなたは今後どのように関わっていこうと考えるか、具体例や体験を入れて書いてください。

③　三百字以上、四百字以内で書いてください。

【資料Ａ】、【資料Ｂ】を読んで、後の問いに答えてください。

※がついている言葉は、後に説明があります。

【資料Ａ】

この物語は、南アメリカの先住民に伝わるお話です

森が燃えていました

森の生きものたちは
われ先にと
逃げて
いきました

でもクリキンディという名の
※ハチドリだけは
いったりきたり
くちばしで水のしずくを一滴ずつ運んでは

（　注　意　）

一　指示があるまで、表紙（この用紙）以外のところを見てはいけません。

二　検査用紙は、表紙一枚、課題用紙二枚、作文用紙一枚の計四枚です。

三　「始めなさい」の指示があったら、まず受検番号と氏名を、作文用紙の決められた欄に書いてください。

四　声に出して読んではいけません。

五　印刷がはっきりしなかったり、課題用紙や作文用紙が足りなかったりした場合は、だまって手をあげてください。

六　課題の内容などについての質問には答えられません。

七　「やめなさい」の指示があったら、すぐにえんぴつを置き、表紙（この用紙）を上にして机の上に置いてください。

受検番号	
氏　名	

令和５年度

宮崎県立五ヶ瀬中等教育学校
宮崎県立宮崎西高等学校附属中学校
宮崎県立都城泉ヶ丘高等学校附属中学校

適 性 検 査 Ⅰ

【 第 2 部 】

11：40～12：30（50分）

（ 注 　 意 ）

1 　指示があるまで，この表紙以外のところを見てはいけません。

2 　検査用紙は，表紙をのぞいて１２ページで，課題は全部で６題です。

3 　解答用紙は３枚です。もう１枚は，計算やメモに使ってかまいません。

4 　「始めなさい」の指示があったら，まず検査用紙と３枚の解答用紙に受検番号と氏名を書いてください。

5 　検査用紙のページ数がまちがっていたり，解答用紙の枚数が足りなかったり，また，文字や図がはっきりしなかったりする場合は，だまって手をあげてください。

6 　課題の内容や答えなどについての質問には，答えられません。

7 　「やめなさい」の指示があったら，すぐえんぴつを置き，解答用紙を３枚ともうら返して机の上に置いてください。

　ゆりなさんの班は，体験学習で学んだことをタブレット端末を使って発表することにしました。ゆりなさんは，タブレット端末で 図1 のようなスライド（発表資料）を作り，教室のテレビを使って発表しようと考えました。ゆりなさんは，同じ班のさとしさんと話をしています。

図1 （タブレット端末の画面）

図2 （テレビ画面に映ったスライド）

※設定は，４：３と１６：９の２種類があり，□□□□□□□ の長方形の横の長さと縦の長さの比を表しています。

表 （テレビ画面の大きさ）

画面の大きさ	対角線の長さ
３０型	約　７６．２cm
４０型	約１０１．６cm
５０型	約１２７．０cm
６０型	約１５２．４cm

図3 （テレビ画面の対角線）

対角線

会話 1

　ゆりな：　タブレットで作ったスライドを教室のテレビに映し出してみたけれど，図2 のように，画面いっぱいに映らないよ。どうしてだろう。

　さとし：　設定が４：３になっているからだよ。教室のテレビ画面の横の長さと縦の長さの比は１６：９だよ。テレビ画面とスライドの比が同じになると，画面いっぱいに映るよ。

　ゆりな：　そうなんだね。映し出す画面の大きさを調べておくことが大切だね。

　さとし：　表 を見てごらん。テレビ画面の大きさは，３０型，４０型，５０型といろいろな大きさがあって，図3 のように対角線の長さによって決まっているんだよ。

　ゆりな：　私のタブレットは，対角線の長さが約２５．９cmだから，□□□□型になるね。

　さとし：　設定を１６：９にして，スライドをもうひとつ作ってみよう。

問い1　会話1 の □□□□ にあてはまる数を答えてください。ただし，四捨五入で，$\frac{1}{10}$ の位までのがい数で答えてください。

学級の代表に選ばれたゆりなさんの班は，<u>図4</u>のような体育館のスクリーンを使って発表することになりました。ゆりなさんとさとしさんは，タブレット端末で作ったスライドの大きさについて話をしています。

<u>図4</u>（スクリーンの横の長さと縦の長さ）

<u>会話2</u>

> さとし：　教室での発表はうまくいったね。作ったスライドとテレビ画面の横の長さと縦の長さの比がぴったり同じだったからね。
>
> ゆりな：　体育館のスクリーンの大きさをきちんと調べておかないとね。
>
> さとし：　スクリーンの大きさは，横の長さが6.5ｍ，縦の長さが4.5ｍだよ。その大きさをできるだけ広く使って映し出せるといいね。そのとき，映し出されたスライドが，スクリーンからはみ出さないように気をつけようね。
>
> ゆりな：　そうだね。<u>設定が4：3のスライドと，設定が16：9のスライドのどちらを使ったほうが，できるだけ大きな面積で映し出せるか，考えてみようよ。</u>

問い2　<u>会話2</u>の下線部について，ゆりなさんの班は，どちらのスライドを使ったほうがよいですか。解答用紙のどちらかに○をつけてください。また，その理由を言葉や式，数字を使って説明してください。

あいかさんは，算数の授業で5つの合同な正方形の辺をつなげて図形を作りました。**図1**は，そのうちの5種類の図形を示しています。**図1**の図形について，先生と話をしています。

図1（あいかさんが作った図形）

図2（①～⑤をすきまなく並べた図）　　**図3**（大きさのちがう長方形Aと長方形B）

 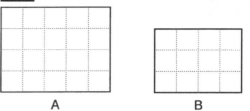

会話1

先　生：　**図1**の5種類の図形を重ならないように，すきまなく並べていくと，**図2**のような正方形ができますよ。

あいか：　おもしろいですね。同じようにして，長方形を作ることはできますか。

先　生：　5種類のうちのいくつかを使えば，作ることができますよ。たとえば，**図3**に大きさのちがう2つの長方形があります。両方とも作ることができるでしょうか。

あいか：　**図1**のような図形を並べていくので，できあがる長方形のマス目の合計は必ず　□　の倍数になります。だから，Aの長方形は作ることができますが，Bの長方形は作ることができません。

先　生：　その通りです。それでは，<u>Aの長方形を作ってみましょう。</u>

問い1　**会話1**の　□　にあてはまる数を答えてください。

問い2　**会話1**の下線部について，**図1**の②，③，④，⑤の4つの図形を1つずつ使って，Aの長方形を作ってください。ただし，図形を回転させたり，裏返したりしてもよいこととします。また，どの図形を並べたかがわかるように外側の線は太くなぞってください。

図形に興味をもったあいかさんは，同じ大きさの立方体をいくつか作り，それをつなげて新しい立体を作ろうと考えました。あいかさんは，ゆうじさんと話をしています。

会話2

> あいか：　立方体の面どうしをはり合わせて，新しい立体を作ったよ。
> ゆうじ：　どんな立体を作ったのかな。
> あいか：　**図4**のように，真正面，真上，真横の3つの方向から見ても同じ形に見える立体だよ。
> ゆうじ：　すごいね。立方体を（　ア　）個使って作ったんだね。
> あいか：　そうだよ。この新しい立体のすべての面に色をぬってみたよ。色をぬることができた面は，全部で（　イ　）面あったよ。

図4（真正面，真上，真横から見た図）

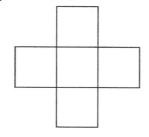

問い3　**会話2**の（　ア　），（　イ　）にあてはまる数を答えてください。

課題 3

　はるこさんとだいきさんは，先生と天気について話をしています。次の 会話 は，そのときの様子です。

会話

はるこ：	「今日は大気の状態が不安定になる。」という天気予報だったので，かさを持ってきました。
先　生：	「大気の状態が不安定」というのは，※上しょう気流が発生しやすい状態のことです。
だいき：	上しょう気流が起こると，雲ができると聞いたことがあります。
先　生：	そのとおりです。地面近くの空気が上空に移動し，上空で空気が冷やされると小さな水てきや氷のつぶができます。それが雲の正体です。つまり，「大気の状態が不安定」だと，上しょう気流によって雲ができ，雨が降りやすくなるというわけです。
はるこ：	上空にできた小さな水てきや氷のつぶが結びついて，地面に落ちてきたものが雨なんですね。

　　※　上しょう気流…地上から上空へ向かう空気の流れ

　はるこさんとだいきさんは，4年生のとき，水には3つのすがたがあることを学習したことを思い出しました。図1 は，やかんに入れた水がふっとうしている様子です。

図1

あわ
湯気
見えない部分

問い1　図1 をもとに，上空で雲ができるときに起こる変化と同じ変化によって起こる現象を次のア〜エから1つ選び，記号で答えてください。

　　ア　「水」がふっとうし，「あわ」が出る。
　　イ　「あわ」が「見えない部分」になる。
　　ウ　「見えない部分」が「湯気」になる。
　　エ　「湯気」が見えなくなる。

はるこさんは，夕立（夏の昼過ぎから夕方にかけて，急に激しく降り出す雨）は，積乱雲が原因であることを本を読んで知りました。 **図2** は，積乱雲ができる様子を表しています。

図2

積乱雲

上しょう気流

地面

問い2　**図2** のように地面近くの空気が上しょうし，地面から2000mのところで雲ができはじめ，さらに上しょうし，地面から4400mのところで氷のつぶになりました。このときの地面近くの空気は，何℃だったと考えられますか，次の **条件** をもとに答えてください。

条件

　空気は上しょうすると，100mで1℃ずつ温度が下がり，雲ができると，100mで0.5℃ずつ温度が下がるものとします。また，水は，0℃で氷になるものとします。

問い3　上空に雲があっても雨が降らないことがあります。その理由を **図2** をもとに「水てきや氷のつぶ」という言葉を使って答えてください。

　かずみさんは，光が植物にあたえるえいきょうについて調べることにしました。

問い1　かずみさんは，レタスの種子の発芽には光が必要であることを知り，レタスの種子が発芽する条件を，実験で調べることにしました。発芽に光が必要であることを確かめるためには，条件の異(こと)なる①～⑤の実験のうち，どの2つを行えばよいですか。正しい組み合わせを，下のア～エから1つ選び，記号で答えてください。ただし，それぞれの実験では水・空気・光以外の条件は同じにしているものとします。

実験	水	空気	光
①	あたえない	ふれる	当てる
②	あたえる	ふれない	当てない
③	あたえる	ふれる	当てない
④	あたえる	ふれる	当てる
⑤	あたえない	ふれない	当てない

　　ア　①と②　　　イ　②と③　　　ウ　③と④　　　エ　④と⑤

　かずみさんは，発芽に光が必要な種子を光発芽種子(ひかりはつがしゅ)ということを知り，先生に質問しました。次の 会話 はそのときの様子です。

会話

かずみ：　レタス以外にも光発芽種子とよばれるものがあるのですか。 先　生：　セロリやシソなどがあります。 かずみ：　光発芽種子にはどのような特ちょうがあるのですか。 先　生：　種子にふくまれる養分が少なく，小さいものが多いです。また，発芽に光が必要なため，他の植物の葉で光が	 レタスの種子

　　　　　さえぎられない場所や光の届(とど)く地表近くで発芽をする特ちょうがあります。種子の養分は他の植物と同じように発芽や成長に使われ，発芽した植物は光を利用して養分を作ります。

問い2　下線部について，かずみさんは次のようにまとめました。会話 をもとに ☐ にあてはまる言葉を入れて，文を完成させてください。

　　　小さく，ふくまれる養分が少ない種子が，地中の深いところで発芽すると，地表に出る前に ☐ ため，かれてしまう可能性がある。光発芽種子は，光を発芽の条件とすることで，これを防ぐことができる。

作文用紙

受検番号

氏　名

問い一

○

○

（配点非公表）

	※計

問い二

○題や氏名を入れずに一行目から書いてください。

00

	※一

（注意）※印のところは記入しないこと

問い1	ア		通り
	イ		通り
問い2	ウ		分

問い3　駅 →　　　　→　　　　→　　　　→　　　　→ 駅

※　課題2

③

課題 4

問い1	cm
問い2	g
問い3	

※　課題 4	

課題6

問い1		
問い2	ア	イ
問い3		

※　課題6

課題2

問い1	
問い2	

問い3	ア	個
	イ	面

※ 課題2

課題 4

問い1		※ 課題4
問い2		
問い3	① ②	

課題6

問い1	ア		イ	
問い2	ウ		エ	
	オ		カ	

※ 課題6

受検番号		氏　名	

令和5年度

宮崎県立五ヶ瀬中等教育学校
宮崎県立宮崎西高等学校附属中学校
宮崎県立都城泉ヶ丘高等学校附属中学校

適性検査Ⅰ　第2部　解答用紙

（注意）　※印のところは記入しないこと

※計	

課題5

問い1	
問い2	A　　　　　　　　B

※　課題5

【解答

受検番号		氏　名	

○　　　　　　　　　　　　　　　　○

令和5年度

宮 崎 県 立 五 ヶ 瀬 中 等 教 育 学 校

宮 崎 県 立 宮 崎 西 高 等 学 校 附 属 中 学 校

宮 崎 県 立 都 城 泉 ヶ 丘 高 等 学 校 附 属 中 学 校

適性検査Ⅰ　第2部　解答用紙

(注意)　※印のところは
記入しないこと

※ 計	

課題3

問い1	
問い2	℃
問い	

※　課題3

受 検 番 号		氏　　名	

○　　　　　　　　　　　　　　　○

令和5年度

宮 崎 県 立 五 ヶ 瀬 中 等 教 育 学 校

宮 崎 県 立 宮 崎 西 高 等 学 校 附 属 中 学 校

宮 崎 県 立 都 城 泉 ヶ 丘 高 等 学 校 附 属 中 学 校

適性検査Ⅰ　第2部　解答用紙

（注意）　※印のところは
記入しないこと

（配点非公表）

※計	

課 題 1

問い1	型	問い2	（　　　）　4：3のスライド
			（　　　）16：9のスライド

<説明>

問

※　課題1

受 検 番 号		氏　　名		【3枚目】

○　　　　　　　　　　　　　　　　　　　○

令和5年度

宮 崎 県 立 五 ヶ 瀬 中 等 教 育 学 校

宮 崎 県 立 宮 崎 西 高 等 学 校 附 属 中 学 校

宮崎県立都城泉ヶ丘高等学校附属中学校

適 性 検 査 Ⅰ　　第 1 部　　解 答 用 紙

(注意)　　※印のところは
記入しないこと

※ 計	

課 題 5

問 い 1		
問 い 2	①	② 点
問		

※　課題5

受 検 番 号		氏　　名		【2枚目】

○　　　　　　　　　　　　　　○

令和5年度

宮 崎 県 立 五 ヶ 瀬 中 等 教 育 学 校

宮 崎 県 立 宮 崎 西 高 等 学 校 附 属 中 学 校

宮 崎 県 立 都 城 泉 ヶ 丘 高 等 学 校 附 属 中 学 校

適 性 検 査 Ⅰ　　第 1 部　　解 答 用 紙

（注意）　※印のところは
　　　　　記入しないこと

※計	

課題3

問い1	①		②		③	
	①					
	①					

※　課題3

受検番号		氏　名		【1枚目】

○　　　　　　　　　　　　　　　　　○

令和5年度

宮崎県立五ヶ瀬中等教育学校
宮崎県立宮崎西高等学校附属中学校
宮崎県立都城泉ヶ丘高等学校附属中学校

適性検査Ⅰ　第1部　解答用紙

（注意）　※印のところは記入しないこと

（配点非公表）

※計	

課題 1

※　課題 1

問い1		
問い2	ア	倍

400　　　　　　　　　　　300　　　　　　　　　　　200

2023(R5) 宮崎県立中高一貫校

Ｋ 教英出版

【解答

かずみさんは，植物が花をさかせるもとになる部分を花芽とよぶことや，光は花芽を作ることにもえいきょうしていることを知り，次のようにまとめました。

調べて分かったこと

<光のえいきょうについて>
　植物に光が当たらない時間を暗期，光が当たる時間を明期という。花芽を作ることには，1日の中の暗期や明期の長さがえいきょうをあたえている。
<短日植物について>
　○　連続した暗期の長さが，ある一定以上になると花芽が作られる植物を短日植物という。
　○　花芽を作ることにえいきょうしているのは連続した暗期の長さなので，明期の長さはえいきょうしない。
　○　暗期のとちゅうで短時間の光を植物に当てたときは暗期を2つに分けることになるので，それぞれの暗期の長さで判断できる。

<短日植物について調べた結果>

短日植物が花芽を作るのに必要な連続した暗期の長さ

明期	暗期	→花芽を作らない
明期	暗期	→花芽を作る
明期	暗期	→花芽を作らない

短時間の光を当てる

| 明期 | 暗期 | →（　①　） |

短時間、暗くする

| 明期 | 暗期 | →（　②　） |

短時間の光を当てる

問い3　調べて分かったこと　の（　①　），（　②　）に入る正しい結果を，次のア，イからそれぞれ1つずつ選び，記号で答えてください。

　ア　花芽を作る　　　　イ　花芽を作らない

あつこさんたちのグループは，さまざまな種類の世界地図を持ちより，その特色やちがいについて話し合いました。

資料１　　　　　　　　　　オーサグラフ世界地図

資料２　緯線と経線が直角に交わった地図

資料３　中心（東京）からの距離と方位が正しい地図

会話１

先　生：　資料１　を見てください。この地図は，オーサグラフと言って，日本人によって，１９９９年に考え出されたものです。どんな特色があるのでしょうか。みなさんが持ってきた地図をもとに考えてみましょう。

あつこ：　私は，　資料２　の地図を持ってきたよ。たくやさんは　資料３　の地図を持ってきたんだね。

ひでき：　私は，　資料４　を持ってきたよ。まずは，私たちが持ってきた地図にはどんな特色やちがいがあるのか，考えてみよう。

会話2

> あつこ： 資料2 は，赤道に対して平行に引かれた緯線と，赤道や緯線に対して直角に引かれた経線が特色で，航海図に使われたようだよ。
>
> たくや： 日本からハワイに行くには，どの方角に船を進めていくといいのかな。
>
> 先　生： おもしろい質問ですね。東京とハワイを直線で結ぶと，その直線と東京を通る経線との角度は，北に対しておよそ ☐☐☐ 度になります。
>
> あつこ： 船の進む方角をほぼ ☐☐☐ 度にして移動するとハワイに着くのですね。

問い1　会話2 の ☐☐☐ にあてはまる数字を，次のア〜エから1つ選び，記号で答えてください。ただし， ☐☐☐ には同じ数字が入ります。

　　　ア　４５　　　イ　７５　　　ウ　１０５　　　エ　１３５

会話3

> たくや： 資料3 の地図は，中心からの距離と方位が正しく，航空図に使われるようだけれど，ほかの要素は正しくないのかな。
>
> ひでき： サンパウロのある大陸の大きさを 資料2 と比べるととても大きいね。
>
> あつこ： 資料2 で，グリーンランドはオーストラリアよりも大きく見えるけれど，実際は3分の1の大きさらしいよ。面積が正しい地図はあるのかな。
>
> ひでき： 私の持ってきた 資料4 が面積の正しい地図だよ。でも，地図の上のほうは，陸地の形のゆがみが大きいね。ところで，この前，東京からサンパウロにおじさんが飛行機で行ったときに， 資料4 のように，ヒューストンを経由したから，遠回りしたように感じたと言っていたよ。もしかしたら，地図によって，見え方が変わるのかな。
>
> あつこ： ひできさん，それは遠回りではないよ。なぜなら， 資料3 の地図は， **A** という特色があり，おじさんの通った経路は， **B** からだよ。

問い2　会話3 の **A** ， **B** にあてはまる内容を， 資料3 をもとに答えてください。

資料4　**面積が正しい地図**

問い3　あつこさんたちが， 資料1 のオーサグラフ世界地図の特色について考えた内容として適切なものを，次のア〜エから2つ選び，記号で答えてください。

　　　ア　 資料2 と比べてみると， 資料1 は，地図のはしに近い陸地の形のゆがみが大きい。

　　　イ　 資料3 と比べてみると， 資料1 は，東京からデリーへの方位のゆがみが小さい。

　　　ウ　 資料4 と比べてみると， 資料1 は，赤道からはなれるほど実際の面積よりも大きい。

　　　エ　 資料3 と 資料1 で，東京からデリーと東京からサンパウロまでの距離の比がほぼ等しいことから， 資料1 は，東京からの距離がほぼ正しい。

えいこさんは，鎌倉時代について学習し，次のようにレポートにまとめました。

将軍と16人の執権　〜執権政治のなぞに迫る〜

資料1　　北条氏の系図

①〜⑯…執権になった順序

執権は御家人の代表で，幕府の会議を開き，将軍を助けて政治を行いました。

資料2　将軍になった期間の年齢

鎌倉時代の将軍は，源氏以外に藤原氏や皇族からも選ばれているのね。

資料3　　将軍が追放されたおもなできごと

○　4代将軍藤原頼経は，形式的な将軍にすぎなかったが，4代執権経時に反執権勢力の中心であると疑われ，京都に追放された。

○　6代将軍宗尊親王は，8代執権時宗に逆らおうとした疑いで，京都に追放された。

(出典：「日本史辞典」)

分かったこと

　資料1 から，北条氏は，鎌倉時代に16人が執権となり，幕府の政治を進めるようになった。

　資料2 から源頼朝は，将軍に40歳台半ばでなっているが，2代将軍以降は， ア ことが分かる。また，将軍が追放されているのは， 資料3 から，北条氏に対して イ ときに見られる。

　このように，北条氏は，鎌倉時代に大きな力をもっていたことが分かる。

問い1 　分かったこと の ア にあてはまる内容について 資料2 をもとに， イ にあてはまる内容について 資料3 をもとに，それぞれ答えてください。

将軍と16人の執権　〜なぜ，鎌倉幕府は衰退したのか？〜

【フビライ・ハン】

私は，モンゴル帝国の第5代皇帝です。1274年と1281年に日本を攻めました。
残念ながら日本への攻撃は，2回とも失敗に終わりました。

私は，8代執権です。防衛はできましたが，新たに領地を奪うことはできませんでした。そのため，御家人の不満が高まったので，私の次の執権が，資料4 を出したようですが，御家人の不満はなくなりませんでした。

【北条時宗】

資料4　**恩賞がもらえなかった御家人を救うために出された徳政令（1297年）**

　領地の質入れや売買は，御家人の生活が苦しくなるもとなので，今後は禁止する。…御家人以外や一般人が御家人から買った土地については，売買後の年数に関わりなく，返さなければならない。

(部分要約)

御家人は，幕府から 資料4 を出されても，幕府への不満がなくならなかったのはなぜかな？

資料5　当時の御家人の土地の相続の仕方

父親の土地	子	孫

資料6　鎌倉時代における守護の数の推移

	不設置	北条氏以外	北条氏
1199年	4	31	3
1221年	4	28	13
1285年（元寇後）	5	23	28
1333年	5	22	30

(出典：「鎌倉幕府守護制度の研究」東京大学出版会)

考えたこと

　恩賞をもらえなかった御家人は，資料5 から，相続する土地を ウ ので，エ だろう。一方で，資料6 から，守護の数については，オ ので，北条氏は カ だろう。

　そのため，御家人の不満はなくならず，幕府は衰退したのではないだろうか。

問い2　考えたこと の ウ ，エ にあてはまる内容を，資料5 をもとに， オ ，カ にあてはまる内容を，資料6 をもとに，それぞれ答えてください。

令和四年度

宮崎県立五ヶ瀬中等教育学校
宮崎県立宮崎西高等学校附属中学校
宮崎県立都城泉ヶ丘高等学校附属中学校

「 作 文 」

午前九時三十分〜午前十時十分 （四〇分）

【会話】

「きっと豊作になる」という村の人たちの
考えとちがう結果になってしまったね。

そうだね。村の人たちは、イネの成長を
（　　　　　）だけで
判断してはいけなかったんだね。

こうたさん

みさきさん

【資料B】

※がついている言葉は、後に説明があります。

イネは穂が出ると、米を実らせていきます。茎や葉は黄色く枯れあがっていきます。もうイネは大きくなることはありません。イネは枯れていくのです。

それでは、もっともっとイネを大きく育てることはできないのでしょうか。もっともっと肥料をたくさん与えれば、イネは葉や茎を茂らせようとします。枯れあがった田んぼでは、秋になってもイネは緑色のままです。枯れあがることなく、葉を茂らせています。しかし、それでよいのでしょうか。

どんなに葉を茂らせても、どんなに緑を濃くしても、それで終わってよいのでしょうか。それが、イネにとって幸せな姿なのでしょうか。

「成熟」という言葉があります。

枯れあがっていくイネは、もう葉を茂らせることはありません。しかし、米を実らせ、稲穂を垂らしていきます。この姿は、「成長」ではないのでしょうか。

一方、「未熟」という言葉もあります。どんなに体を大きくしても、それは「未熟」です。成長していないのです。

成長とは、体を大きくすることばかりではありません。やがて、※分づつの増加は止まり、植物は次のステージ、次のステージへと進んでいきます。成長にはステージがあり、植

K教英出版

受検番号	
氏　名	

令和４年度

宮崎県立五ヶ瀬中等教育学校
宮崎県立宮崎西高等学校附属中学校
宮崎県立都城泉ヶ丘高等学校附属中学校

適 性 検 査 Ｉ

【 第 　１ 　部 】

10：30～11：20 （50分）

（ 注 　意 ）

1　指示があるまで，この表紙以外のところを見てはいけません。

2　検査用紙は，表紙をのぞいて１２ページで，課題は全部で６題です。

3　解答用紙は３枚です。もう１枚の計算用紙は，計算やメモに使ってかまいません。

4　「始めなさい」の指示があったら，まず検査用紙と３枚の解答用紙に受検番号と氏名を書きなさい。

5　検査用紙のページ数がまちがっていたり，解答用紙の枚数が足りなかったり，また，文字や図がはっきりしなかったりする場合は，だまって手をあげなさい。

6　課題の内容や答えなどについての質問には，答えられません。

7　「やめなさい」の指示があったら，すぐえんぴつを置き，解答用紙を３枚ともうら返して机の上に置きなさい。

課題 1

まさおさんとみさこさんは，夏休みの工作で右の**写真**のようなひねりゴマをつくることにしました。

写真 （ひねりゴマ）

ひねりゴマの解説

> ひねりゴマは，指で軸をひねって回転させるコマの種類のひとつです。真上から見ると円の形をしたものが一般的で，**写真**のように色をぬって回転させることで，模様や色の変化を観察して楽しみます。

まさおさんは，**図1**のようにコマに円を下書きをした後，**図2**のように色をぬりました。それぞれの色の面積について，みさこさんと話をしています。

図1

コマの軸
円の半径
1 cm

幅2cm

円の中心

図2

赤
黄
白
青

会話1

> みさこ：　きれいに色をぬれたね。円周率を3.14として色の面積を比べてみましょう。
>
> まさお：　赤の面積は，半径2cmの円の面積から半径1cmのコマの軸の面積をひけばいいから，面積を求める式は，2×2×3.14－1×1×3.14（cm²）だね。
>
> みさこ：　この式は「×3.14」でまとめると，（　ア　）×3.14（cm²）になるね。計算が大変そうだから，式だけ書きとめておこう。
>
> まさお：　他の色の面積も同じように計算して，表にまとめると下のようになったよ。

色	黄	白	青
面積（cm²）	12×3.14	20×3.14	（　イ　）×3.14

> みさこ：　黄と青の面積の比は（　ウ　）だね。他に気づいたことはあるかな。
>
> まさお：　（　エ　）の面積を合計すると，赤の面積の20倍になるね。

問い1　**会話1**の（　ア　），（　イ　）にあてはまる数を答えてください。また，（　ウ　）は比を答えてください。ただし，円のさかい目の線の太さは考えません。

問い2　**会話1**の（　エ　）にあてはまる色をすべて選び，○で囲んでください。

2022(R4) 宮崎県立中高一貫校

K 教英出版

－ 1 －

【適Ｉ　第

みさこさんは，図1のようにコマに下書きをした後，図3の①～④の形を使って，図4のように色をぬりました。図4のコマについて，2人が話をしています。

図3

赤で色をぬった形
① ②

青で色をぬった形
③ ④

図4

※ コマの大きさは 図1 と同じです。

会話2

みさこ：	色のぬり方を工夫してみたよ。
まさお：	コマを回したとき，赤と青が重なりあう部分の面積を求めてみよう。
みさこ：	円周率を3.14とすると，（ オ ）（cm²）になるね。
まさお：	さっそく回してみようよ。
みさこ：	とてもきれいだね。赤と青が重なりあう部分は，むらさき色に見えるんだね。

問い3 会話2 の（ オ ）にあてはまる数を答えてください。

はるこさんとゆうとさんが，教室のカレンダーを見ながら話をしています。

会話 1

はるこ：	今日は 4 月 8 日で私の誕生日だよ。
	ゆうとさんの誕生日はいつなの。
ゆうと：	7 月 10 日だよ。
はるこ：	4月のカレンダー を見るだけで，
	7 月 10 日が何曜日か分かるんだよ。
ゆうと：	どうやったら分かるのかな。
はるこ：	1 週間は 7 日あるから，日にちを 7 で割ったあまりで曜日が分かるよ。
	例えば 4月のカレンダー で，4 月 8 日を 1 日目として数えると，4 月 15 日は
	8 日目，4 月 22 日は （ ア ）日目にあたるね。
ゆうと：	8 と（ ア ）を，それぞれ 7 で割ると，あまりは（ イ ）だね。
はるこ：	つまり，あまりが（ イ ）になる日は，すべて水曜日になるんだよ。
ゆうと：	同じ考え方で 7 月 10 日が何日目にあたるかを考えてみよう。
はるこ：	5 月は 31 日，6 月は 30 日まであるよ。
ゆうと：	7 月 10 日は（ ウ ）日目にあたるから，7 で割るとあまりは（ エ ）
	だね。水曜日を基準にしているから，あまりが（ エ ）になるのは（ オ ）
	曜日だね。

4月のカレンダー

日	月	火	水	木	金	土
			1	2	3	4
5	6	7	8	9	10	11
12	13	14	15	16	17	18
19	20	21	22	23	24	25
26	27	28	29	30		

問い 1 　会話 1 の（ ア ），（ イ ），（ ウ ），（ エ ）にあてはまる数を答えてくだ
さい。また，（ オ ）にあてはまる曜日を答えてください。
　※　同じカタカナの（　　）には，同じ数が入ります。

ゆうとさんは，7月10日に行われる「校内漢字コンテスト」に向けての 学習計画 を立て，先生と話をしています。

学習計画

7月10日の校内漢字コンテストに向けて

（1）学習期間

　　4月13日から7月9日まで

（2）曜日ごとの学習時間

　　① 月曜，火曜，水曜，木曜は1日30分

　　② 土曜，日曜は1日90分

　　③ 金曜は学習しない

会話2

先　生：　すばらしい計画ですね。7月9日までに学習する日数と時間は，どのくらいに
　　　　　なりますか。

ゆうと：　計画通りに学習すると，学習する日数は（　カ　）日あって，合計（　キ　）
　　　　　時間学習することになります。

先　生：　たくさん勉強できますね。

ゆうと：　がんばります。

問い2　会話2 の（　カ　），（　キ　）にあてはまる数を答えてください。

かなえさんは，油の入ったドレッシングの容器を振って，ドレッシングを混ぜても，すぐに油がういてくることを不思議に思い，先生に質問しました。次の 会話１ ， 会話２ は，そのときの様子です。

会話１

> かなえ： 油の入ったドレッシングをよく振って混ぜても，すぐに油がういてきます。写真１ のように水と油が混ざりにくいことは知っていますが，どうしてでしょうか。
>
> 先　生： もののうきしずみについて， 写真１ ～ 写真３ と 表 を見て，何か気づくことはありませんか。
>
> かなえ： もののうきしずみは，1cm³ あたりの重さが関係するのですね。
>
> 先　生： よく気がつきましたね。油がうく理由も同じ考え方で説明できますよ。

写真１　水にうく油

油

水

写真２　水にうく氷

氷

写真３　水にしずむ鉄球

鉄球

表

ものの種類	1cm³ あたりの重さ（g）
鉄（20℃）	7.87
水（4℃）	1.00
氷（0℃）	0.92
油（20℃）	0.91
エタノール（20℃）	0.79

問い１　下線部について，水にうくものとしずむものには，どんなちがいがありますか。写真１ ～ 写真３ と 表 をもとに答えてください。

かなえ： 水以外の液体で，もののうきしずみを調べてみたくなりました。
先　生： それでは，液体のエタノールで，もののうきしずみを調べてみましょうか。

　　かなえさんと先生は，液体のエタノールと氷を使って 実験 を行いました。

実験
① 図1 のように，エタノールの入ったビーカーに氷（0℃）を静かに入れる。
② ビーカーを静かに置いた状態で実験を行い，氷の変化を観察する。

図1　　エタノール　　氷

図2　　氷

　　氷の変化を観察すると，初めは， 図1 のように氷は底にしずみましたが，しばらくすると 図2 のように，氷が少しとけて小さくなり，ビーカーの底から少しうかび上がりました。

問い2　 図2 のように，氷がビーカーの底から少しうかび上がった理由について 表 をもとに説明してください。ただし，氷がとけてできた水とエタノールはすぐには混ざり合わないものとします。

　はるきさんは，夜空にかがやく星座の星や太陽の動きに興味をもち，先生に質問をしました。次の 会話 はそのときの様子です。

会話

はるき：　星座の星や太陽が時間とともに動いていくのはどうしてですか。

先　生：　それは，地球が，北極と南極を結ぶ地軸を中心に１日に１回転しているからです。この地軸は， 図1 のように太陽と地球を結んだ面に対して，かたむいた状態になっています。

はるき：　星や太陽が動くというよりも，地球が回転していることで星や太陽が時間とともに動いているように見えているのですね。

先　生：　そのとおりです。また，季節によって見える星座が変わるのは地球が太陽の周りを回っているからです。aところで，星座の星も太陽と同じなかまで，自分で光を出し，その光は１秒間に約３０万km進みます。そして，太陽の光は，約８分２０秒かけて太陽から地球に届き， 図2 のオリオン座のベテルギウスの光は，約５００年，リゲルの光は，約８６０年かけて，地球に届いているのですよ。

はるき：　ということは，地球から星座の星までのきょりは，それぞれ（　ア　）けど，そのきょりが非常に遠いため，きょりが（　イ　）ところでかがやいているように見えるのですね。

図1

図2

問い１　 図1 のときの日本では，昼と夜のどちらが長いですか。次のア～ウから１つ選び，記号で答えてください。

　　　ア　昼が長い　　　　　イ　同じ　　　　　ウ　夜が長い

問い２　下線部aをもとに 会話 の中の（　ア　），（　イ　）にあてはまる言葉を答えてください。

はるきさんは，地球が太陽の周りを回っているように，月も地球の周りを回っていることを知り，月の動きや見え方について調べたところ，次のような 資料 を見つけました。

資料

　地球は太陽の周りを回っていて月も地球の周りを回っています。
　b月は地球の周りを約27.3日で1周しています。
　月は自分で光を出さず，月に当たった太陽の光が反射することで光って見えます。
　月は地球から見ると，月が見えない新月や丸く見える満月など，見え方が毎日少しずつ変わっていきます。

【地球と月の動き】

【月が地球の周りを1周したときの様子】

　地球がAの位置からBの位置まで移動したとき，月が地球の周りをちょうど1周している。

問い3　資料 をもとに考えると，満月から再び満月にもどるまでの日数は，下線部bの日数と比べてどうなりますか。次のア〜ウから1つ選び，記号で答えてください。また，その理由を説明してください。

　　ア　日数が長くなる。
　　イ　同じ日数になる。
　　ウ　日数が短くなる。

課題5

　まことさんとゆうかさんは，雪が多い地域の建物に興味をもち，　資料1　の写真を見つけ，その特ちょうについて調べ，分かったことを話し合いました。

資料1	見つけた写真

合掌造りの家屋

窓

（出典：白川郷観光協会ホームページ）

合掌造りの家屋の屋根裏

（出典：白川村役場ホームページ）

会話1

> ゆうか：　合掌造りの家屋って屋根の角度が急になっているね。
>
> まこと：　角度が急なのは，雪下ろしの作業を楽にしたり，水が流れやすいようにしたりするためだよ。角度だけじゃなくて屋根の向きにも工夫があるんだ。調べてみたら，家屋の窓がある面を，北や南に向けて建てることで，東西の屋根に　ア　ので，乾燥しやすくなるということだったよ。また他にも，北や南から強い風が吹く地域だから，夏は窓を開けることで，　イ　を良くするという理由もあるみたいだよ。
>
> ゆうか：　屋根の大きさにも特ちょうがあるね。
>
> まこと：　大きな屋根の裏には広い部屋があって，昔から※蚕を育て生糸をつくる仕事をしていたんだ。生糸についても調べてみようか。
>
> 　　　　　※　蚕：カイコガの幼虫で絹織物のもとになる生糸をとるために飼育される

問い1　　会話1　の　ア　，　イ　にあてはまる内容を答えてください。

　　次に，まことさんは生糸について調べたところ　資料2　を見つけました。

資料2	日本の貿易品目の割合の変化（単位は％）

輸出額	1882年 3772万円	生糸 43		緑茶 18		その他 39
輸出額	1897年 1億6314万円	生糸 34	緑茶 5	綿糸 8 / 絹織物 6	石炭 5	その他 42

（出典：日本貿易精覧）

【適Ⅰ　第

問い２　資料２ について話し合っている 会話２ の◻◻にあてはまる内容を答えてください。

会話２

> ゆうか：　グラフでは，１８８２年と比べて，１８９７年の生糸の輸出額の割合が減っているね。１８８２年から１８９７年までのあいだ生糸をつくる産業は，あまり発展していかなかったのかな。
>
> まこと：　発展していると思うよ。なぜなら，資料をよく見ると１８８２年と比べて１８９７年は生糸の◻◻◻◻ことや，生糸からつくる絹織物の輸出も行われているからね。
>
> ゆうか：　本当だね。そう考えると，生糸をつくる産業は発展していると言えるね。

問い３　ゆうかさんは，雪が多い地域の建物をさらに調べ，資料３ を見つけました。合掌造りとは異なる屋根の形である特ちょうについて，資料３ をもとに 考えたこと の◻◻◻◻にあてはまる内容を答えてください。

資料３	積雪の多い地域で見られる平らな屋根について

北海道などの積雪の多い地方で，新築の家に多く見られるようになった屋根の形。
　以前は三角屋根が多くみられたが，建物がじょうぶになったため，雪を屋根に乗せたままとけるのを待つというものである。

考えたこと

　昔は，雪下ろしがしやすいように，屋根の角度が急になっているなどの特ちょうがみられました。しかし，現在は近所の人や家の近くを通行する人に◻◻◻◻ことなどによる事故が起きないように，安全面を考えて，資料３ のような平らな屋根がみられるようになったのではないかと思います。

めぐみさんは，社会科の授業で東北地方の農業について学び，ノートにまとめました。

東北地方の農業について

資料1 各県の総面積と耕地面積（2018年）

青森県
総面積 全国8位
耕地面積 全国4位

秋田県
総面積 全国6位
耕地面積 全国6位

岩手県
総面積 全国2位
耕地面積 全国5位

山形県
総面積 全国9位
耕地面積 全国11位

宮城県
総面積 全国16位
耕地面積 全国8位

福島県
総面積 全国3位
耕地面積 全国7位

（出典：農林水産省資料他より作成）

資料2 各県の農業生産額のうちわけ（2018年）

県	米	野菜	果実	畜産	その他
青森県	17.2	25.9	25.7	28.1	3.1
岩手県	21.3	11.1	4.6	59.0	4.0
宮城県	42.2	14.3	1.3	39.1	3.1
秋田県	56.2	16.7	3.9	19.5	3.7
山形県	33.7	19.0	28.6	14.6	4.1
福島県	37.8	23.1	12.1	21.5	5.5

（出典：農林水産省資料他より作成）

資料1，2から読みとれること

東北地方の中で，□□□□□ことが読みとれました。

感　想

東北各県の農業生産額にしめる米の割合が，秋田県だけ５０％をこえていることから，秋田県の米作りについて，さらに調べてみたいと思いました。

問い1 **資料1，2から読みとれること** の□□□にあてはまる内容として適切なものを，次のア～エから**すべて**選び，記号で答えてください。

ア　総面積が最大の県では，農業生産額の半分以上を畜産がしめている
イ　総面積が最小の県では，農業生産額の約４分の１を果実がしめている
ウ　耕地面積が最大の県では，農業生産額の約５分の１を野菜がしめている
エ　耕地面積が最小の県では，農業生産額の半分以上を米と野菜でしめている

問い2　めぐみさんは，秋田県の大仙市（だいせん）が米の収かく量が多いことを知り，資料3，4 を見つけて，大仙市が米作りに適している理由についてまとめました。

　　　　資料3，4 をもとに，下の まとめ の　　　　　　にあてはまる内容を答えてください。

資料3　稲（いね）がでんぷんを作るしくみ

○　稲は光のエネルギーを使って，二酸化炭素と水から，米のもととなるでんぷんを作り出します。

○　夜は光がないので，でんぷんを作れず，昼間にためたでんぷんを使っています。

○　夜の気温が高いと，稲のからだの働きも高まるため，ためたでんぷんを使ってしまいます。

（出典：「米穀安定供給確保支援機構（べいこく）（かくほしえんきこう）」資料より作成）

資料4　大仙市の日照時間と最低気温

	2019年5～9月の日照時間の合計（時間）	2019年5～9月の最低気温25度以上の日数
大仙市	1060.7	3
47都道府県の平均	910.4	27.2

（出典：気象庁資料より作成）

まとめ

　資料3，4 から，大仙市では，稲が育つ夏から秋にかけて，全国と比べて日照時間が長く，夜の気温が高い日も少ないので，稲の中の　　　　　　　　ことが，米作りに適している理由の一つになっていると思います。

問い3　めぐみさんは，東北地方で作られている 資料5 のような米があることを知り，興味をもちました。資料5 をもとに，下の 考えたこと の　　　　　　にあてはまる内容を答えてください。

資料5　「ふゆみずたんぼ米」について（一部）

ふゆみずたんぼ米

　冬でも田んぼに水をはることで，昆虫や小魚，さらには，わたり鳥が集まる場となります。その田んぼで農薬や化学肥料を使わずに作る米を「ふゆみずたんぼ米」と呼んでいます。

（出典：環境省資料他より作成）

考えたこと

　資料5 から，田んぼが米を作るだけでなく，田んぼ周辺の多様な生き物の　　　　　　　ことができるように活用されていると思いました。

－12－

問い一 【会話】は、【資料A】を読んだみさきさんとこうたさんが、内容について確認をしている様子です。（　　　）に入る適当な言葉を書いてください。

問い二 あなたは、これからどのように「成長」していきたいですか。次の（条件）にしたがって、あなたの考えを書いてください。

（条件）

① はじめに、【資料A】と【資料B】を通して、筆者が「成長」をどのように考えているか書いてください。

② 次に、①をふまえて、あなた自身はどのように「成長」していきたいか、具体的に書いてください。

③ 三百字以上、四百字以内で書いてください。

のです。

※　分げつ　……　種子から出た茎の根元から新しい茎が出てくること。

（稲垣栄洋『生き物が大人になるまで』による）

【資料A】、【会話】、【資料B】を読んで、後の問いに答えてください。

【資料A】

　昔むかしのお話です。

　ある年、イネの成長がとてもよいときがありました。いつもの年よりも、草丈の伸びがいいのです。

　村の人たちは、「きっと豊作になる」と期待して、お祝いの歌まで作って喜び合いました。

　しかし、秋になってみると、どうでしょう。どういうわけか、お米はほとんど実りませんでした。そして、豊作どころか、凶作になってしまったのです。

　どうして、こんなことになってしまったのでしょうか。

　じつは、この年は日照が少なく、気温が低い日が続いていました。冷害の兆候があったのです。そのため、イネの苗は、光を求め上へ上へと伸びていったのです。いつもよりも高く伸びているイネは、もがきながら苦しんでいる姿だったのです。

　しかし、イネの苦しみは目には見えません。目に見えるのは、草丈の高さだけです。そのため、村人たちは見た目の成長だけを見て、いつもより高く育っていると喜んでしまったのです。

（稲垣栄洋『生き物が大人になるまで』による）

（　注　意　）

一　指示があるまで、表紙（この用紙）以外のところを見てはいけません。

二　検査用紙は、表紙一枚、課題用紙三枚、作文用紙一枚の計五枚です。

三　「始めなさい」の指示があったら、まず受検番号と氏名を、作文用紙の決められた欄に書きなさい。

四　声に出して読んではいけません。

五　印刷がはっきりしなかったり、課題用紙や作文用紙が足りなかったりした場合は、だまって手をあげなさい。

六　課題の内容などについての質問には答えられません。

七　「やめなさい」の指示があったら、すぐにえんぴつを置き、表紙（この用紙）を上にして机の上に置きなさい。

受検番号	
氏　名	

令和４年度

宮崎県立五ヶ瀬中等教育学校
宮崎県立宮崎西高等学校附属中学校
宮崎県立都城泉ヶ丘高等学校附属中学校

適 性 検 査 Ⅰ

【 第 ２ 部 】

１１：４０〜１２：３０（５０分）

（ 注 　 意 ）

1　指示があるまで，この表紙以外のところを見てはいけません。

2　検査用紙は，表紙をのぞいて１２ページで，課題は全部で６題です。

3　解答用紙は３枚です。もう１枚の計算用紙は，計算やメモに使ってかまいません。

4　「始めなさい」の指示があったら，まず検査用紙と３枚の解答用紙に受検番号と氏名を書きなさい。

5　検査用紙のページ数がまちがっていたり，解答用紙の枚数が足りなかったり，また，文字や図がはっきりしなかったりする場合は，だまって手をあげなさい。

6　課題の内容や答えなどについての質問には，答えられません。

7　「やめなさい」の指示があったら，すぐえんぴつを置き，解答用紙を３枚ともうら返して机の上に置きなさい。

　ソフトボール部のひできさん，けんじさん，このみさん，さおりさんは，監督とコーチと一緒にソフトボールの試合を観戦することになりました。会場には，お客さまへのお願いが掲示されていたため，そのルールを守ってどこに座るかを考えることにしました。図1は6人が使用することのできる座席です。

お客さまへのお願い

　前後左右の席は，ご利用いただけません。
ご協力をお願いいたします。

図1

※ [　　] の座席をA1と表すことにします。

会話 1

監　督：　私はC3の席に座りますから，コーチは横に座ってもらえますか。

コーチ：　はい。それなら（　ア　）またはE3の席に座ることになりますね。

監　督：　コーチはE3の席に座ってください。4人は，1列目と2列目を使ってくださいね。

ひでき：　「1列目に3人，2列目に1人」の座り方と「1列目に2人，2列目に2人」の座り方の2通りが考えられるね。

けんじ：　1列目に3人座ると，2列目の1人は（　イ　）または（　ウ　）の席に座ることになるね。

このみ：　4人いるのだから「1列目に2人，2列目に2人」の座り方を考えましょう。

問い1　会話1の（　ア　），（　イ　），（　ウ　）にあてはまる座席名を答えてください。
　　　　座席名は「C3」や「E3」のように答えます。

けんじさんとこのみさんは,「1列目に2人，2列目に2人」の座り方を考えることにしました。監督はC3，コーチはE3に座っています。

会話2

> このみ：　さっそく，座り方を考えてみようよ。
> けんじ：　最初に（　エ　）に座ると，座れない人が出てくるね。
> このみ：　ちがう場所に座ってみたらどうかな。
> けんじ：　「1列目に2人，2列目に2人」の座り方をするとき，4人が座れる座席の組み合わせは，全部で（　オ　）通りあることが分かったね。
> さおり：　みんなで楽しく観戦しましょう。

問い2　会話2の（　エ　）にあてはまる座席名を答えてください。また，座れない人が出てくる理由を座席名を使って答えてください。

問い3　会話2の（　オ　）にあてはまる数を答えてください。ただし，座席の場所だけの組み合わせを数え，人を入れかえた場合は考えません。

課題2

　　ゆうきさんは，夏休みの自由研究について，あいりさんと話をしています。

会話1

ゆうき：	私の自由研究のテーマは「水の使用量について」だよ。
あいり：	資料1 から，水はさまざまな目的で使われていることが分かるね。
ゆうき：	グラフ を見てよ。私の家と一般家庭で「ある一日の水の使用量」を比べてみたんだ。
あいり：	ゆうきさんの家は，一般家庭よりも水を多く使っているね。
ゆうき：	そうなんだ。特に，「風呂」の水の使用量を比べてみると，＿＿＿＿＿＿＿＿＿＿＿ということが分かったよ。

資料1 （一般家庭の水の使用量の割合）

（出典：国土交通省ホームページ 2015年度調査）

グラフ （ある一日の水の使用量）

※　一般家庭の「ある一日の水の使用量」（使用目的の合計）は４５０Ｌとします。

問い1　グラフ の（　ア　）にあてはまる数を，資料1 を参考にして答えてください。

問い2　会話1 の　　　　　にあてはまる文章を割合を使って答えてください。

　　次に，ゆうきさんは，家に届いた 水道料金のお知らせ を見て，水道局のホームページを調べました。

水道料金のお知らせ （一部）

　〇〇　〇〇　様　　　　　　　　△△市水道局

　　△△市□□町…

　　使用月分　令和３年６月～７月分
　　使　用　量　　　　３４m³

ゆうき： 2か月分の水の使用量は34m³だね。

あいり： 資料2 を使って計算すると，34m³分の水道料金は （ イ ）円ね。

ゆうき： 水は大切なものだから節約していこう。これからは水道料金を （ イ ）円の 60％を目標にしてみようと思うよ。

あいり： そうなると，2か月分の水の使用量を （ ウ ）m³におさえないといけないね。

資料2 （ホームページにのっている水道料金表）

【水道料金表】

（1） 基本料金　800円

（2） 水　1m³あたりの料金

	使用した水の量	料金
A	水 10m³ まで	1m³あたり　30円
B	水 10m³ をこえて 25m³ まで	1m³あたり　160円
C	水 25m³ をこえる分	1m³あたり　200円

（3） 使用した水の量の料金について

（2）のA，B，Cを参考に計算します。例えば，24m³の水を使用した場合の料金は，下のようにAとBを合わせた金額になります。

（4） 水道料金の計算の手順

① （ 基本料金 ＋ 使用した水の量の料金 ）で金額を出します。

② ①の金額に消費税10％を加算したものが，水道料金になります。

問い3　会話2 の （ イ ），（ ウ ）にあてはまる数を答えてください。また，（ ウ ）の求め方を計算の式や言葉を使って答えてください。

※　同じカタカナの （　　）には，同じ数が入ります。

課題3

　のぶこさんは，照明にもいろいろな種類があることを知って，先生に質問をしました。次の 会話 は，そのときの様子です。

会話

> のぶこ：　白熱電球や発光ダイオードは，どちらも光を出しますが，どのようなちがいがあるのでしょうか。
>
> 先　生：　資料 を見てください。白熱電球や発光ダイオードは，どちらも電気のもつエネルギーを光に変えています。発光ダイオードは，電気のもつエネルギーを効率よく光に変えることができ，消費する電気が少なくてすむという長所があります。そのため，家庭用の照明や信号機（写真1）など，発光ダイオードを使ったものが増えてきていますよ。
>
> のぶこ：　資料 のように，熱も発生するのですね。
>
> 先　生：　そうです。電気のもつエネルギーが光に変わるとき，その一部が熱に変わります。
>
> のぶこ：　家にある白熱電球の注意書きに，「熱くなるので直接，手でさわらないでください。」と書いてあるのを見たことがあります。

資料 　白熱電球と発光ダイオードのちがい

※　数字は，電気のもつエネルギーを１００としたときの光や熱に変わる割合

写真1 　白熱電球の信号機　　　　　　　　　　　発光ダイオードの信号機

問い1　発光ダイオードの信号機は，雪の多い地域では，白熱電球の信号機に比べて，信号機の光る部分に雪がついて，信号が見えにくくなることがあります。その理由を，資料 をもとに答えてください。

のぶこさんは，発電所から家庭に電気が送られるときも，電気のもつエネルギーの一部が空気中へにげることを知り，発電所と家庭までのきょりと空気中へにげるエネルギーの大きさの関係を調べる 実験 を行いました。

実験
① 写真2 のように，コンデンサーに導線でつなげた手回し発電機を，一定の速さで２０秒間回し，コンデンサーに電気をたくわえた。
② 写真3 のように，コンデンサーと豆電球を導線でつなぎ，豆電球が点灯する時間を測定した。
③ ①と②を１０回行い，平均を求めた。
④ 導線の長さを変えて，①～③を行った。
⑤ 実験 の結果を 表 にまとめた。

写真2

手回し発電機

コンデンサー

写真3

豆電球

表

導線の長さ（cm）	１００	３００	５００
点灯した時間の平均（秒）	３５．５	３４．１	３２．８

問い２　表 から，下線部についてどのようなことが分かるか答えてください。

問い３　のぶこさんは，豆電球を発光ダイオードにかえて 実験 を行うことにしました。 表 の結果と比べて，電気のもつエネルギーを光に変える効率は，豆電球より発光ダイオードの方がよいことを確認するためには，次のア～エのどの条件で 実験 を行えばよいですか。最も適切なものを１つ選び，記号で答えてください。ただし，手回し発電機を回す速さは豆電球の 実験 と同じとします。

条件	電気をたくわえる時間（秒）	導線の長さ（cm）
ア	１０．０	２００
イ	２０．０	３００
ウ	２０．０	４００
エ	３５．５	１００

　ひろむさんは，生態系という言葉に興味をもち，先生に質問をしました。次の 会話1 は，そのときの様子です。

会話1

　ひろむ：　生態系とはどういうものですか。
　先　生：　生態系は，その地域に生息する生物とそのまわりの光や水，温度などの非生物的環境を1つのまとまりとしたものです。
　ひろむ：　生物と非生物的環境にはどんな関係があるのですか。
　先　生：　では， 図 を見てください。
　　　　　　 図 のように非生物的環境が生物に影響を与えることを作用といい，生物が生活することによって非生物的環境に影響を与えることを環境形成作用といいます。また，生物どうしもさまざまな関係をもっています。
　ひろむ：　生態系についてもっと調べてみます。

図

問い1　環境形成作用の例として正しいものを，次のア～エから1つ選び，記号で答えてください。
　　ア　夏は植物に太陽の強い光があたる。
　　イ　雨が降って土の水分が多くなる。
　　ウ　あたたかくなると，動物が活発に動きだす。
　　エ　森林ができると，風がさえぎられる。

　ひろむさんは，生態系を構成する生物の間には，食物連鎖という関係があることを知りました。次の 会話2 は，先生と食物連鎖について話しているときの様子です。

会話2

　ひろむ：　生態系の中で，生物どうしが，食べたり食べられたりする関係でつながっていることを食物連鎖ということが分かりました。それから，ある地域の生態系で見てみると，それぞれの生物の数は増えたり減ったりしながら，食物連鎖の関係の中で，そのつり合いが保たれていることも分かりました。
　先　生：　では，質問します。ある地域に，植物A・動物B・動物Cの3種類の生物だけがいるとします。動物Bは植物Aだけを食べて，動物Cは動物Bだけを食べるものとします。この地域から動物Cだけがすべていなくなったとしたら，動物Bの数はどうなると思いますか。
　ひろむ：　動物Bを食べる生物がいなくなったので，ずっと増え続けると思います。
　先　生：　本当にそうでしょうか。a動物Bの数はずっと増え続けることができませんよ。調べたことを思い出して考えてみてください。

作文用紙

受検番号 ［　　　］　氏　名 ［　　　　　　　　　］

問い一

○

そうだね。村の人たちは、イネの成長を
（　　　　　　　　　）だけで
判断してはいけなかったんだね。

○

（配点非公表）

問い二

○題や氏名を入れずに一行目から書いてください。

100

※一 ［　　　　　　　］

※計 ［　　　　　　　］

（注意）※印のところは記入しないこと

問い1	ア	日目	イ	
	ウ	日目	エ	
	オ	曜日		
問い2	カ	日	キ	時間

※　課題2

課題4

問い1		
問い2	ア	
	イ	
問い3	＜記号＞	
	＜理由＞	

※　課題4

課題6

問い1	
問い2	
問い3	

※ 課題6

K 教英出版

課題2

問い1	ア	
問い2		
	イ	円
	ウ	m³
問い3	＜求め方＞	

※ 課題2

課題 4

問い1	
問い2	
問い3	

※　課題4

K教英出版

問い3	

課題6

問い1	月　　日　と　月　　日
問い2	
問い3	

※　課題6

受検番号		氏　　名	

○　　　　　　　　　　　　　　　　○

令和4年度

宮 崎 県 立 五 ヶ 瀬 中 等 教 育 学 校
宮 崎 県 立 宮 崎 西 高 等 学 校 附 属 中 学 校
宮 崎 県 立 都 城 泉 ヶ 丘 高 等 学 校 附 属 中 学 校

適性検査Ⅰ　第2部　解答用紙

（注意）　※印のところは記入しないこと

※計	

課題5

				※　課題5
問い1	ア			
	イ			
問				

受 検 番 号		氏 　 名		【2枚目】

○　　　　　　　　　　　　　　　　　　　○

令和４年度

宮 崎 県 立 五 ヶ 瀬 中 等 教 育 学 校
宮 崎 県 立 宮 崎 西 高 等 学 校 附 属 中 学 校
宮 崎 県 立 都 城 泉 ヶ 丘 高 等 学 校 附 属 中 学 校

適 性 検 査 Ｉ　　第 ２ 部　　解 答 用 紙

（注意）　※印のところは記入しないこと

※ 計	

課題３

問い1	
問い2	

※　課題３

受検番号		氏　名		【1枚目】

○　　　　　　　　　　　　　　○

令和４年度

宮 崎 県 立 五 ヶ 瀬 中 等 教 育 学 校
宮 崎 県 立 宮 崎 西 高 等 学 校 附 属 中 学 校
宮 崎 県 立 都 城 泉 ヶ 丘 高 等 学 校 附 属 中 学 校
適性検査Ｉ　第２部　解答用紙

（配点非公表）

（注意）　※印のところは
記入しないこと

※ 計	

課 題 1

問い1	ア		イ		ウ	
問い2	エ	<理由>				

※　課題 1

【解答

| 受 検 番 号 | | 氏 　 名 | | 【3枚目】 |

〇　　　　　　　　　　　　　　　　　　　〇

令和4年度

宮 崎 県 立 五 ヶ 瀬 中 等 教 育 学 校

宮 崎 県 立 宮 崎 西 高 等 学 校 附 属 中 学 校

宮 崎 県 立 都 城 泉 ヶ 丘 高 等 学 校 附 属 中 学 校

適 性 検 査 Ⅰ　　第 1 部　　解 答 用 紙

（注意）　※印のところは
記入しないこと

※ 計	

課題 5

問い1	ア		イ	
問い2				
問				

※　課題5

受検番号		氏　名	

○　　　　　　　　　　　　　　○

令和４年度

宮 崎 県 立 五 ヶ 瀬 中 等 教 育 学 校

宮 崎 県 立 宮 崎 西 高 等 学 校 附 属 中 学 校

宮 崎 県 立 都 城 泉 ヶ 丘 高 等 学 校 附 属 中 学 校

適 性 検 査 Ⅰ　　第 １ 部　　解 答 用 紙

（注意）　※印のところは
記入しないこと

※計	

課 題 ３

問い1	
問い2	

※　課題3

受 検 番 号		氏　名		【1枚目】

○　　　　　　　　　　　　　　　　○

令和4年度

宮 崎 県 立 五 ヶ 瀬 中 等 教 育 学 校
宮 崎 県 立 宮 崎 西 高 等 学 校 附 属 中 学 校
宮 崎 県 立 都 城 泉 ヶ 丘 高 等 学 校 附 属 中 学 校

適性検査Ⅰ　第1部　解答用紙

（配点非公表）

（注意）　※印のところは
　　　　　記入しないこと

※ 計	

課題1

問い1	ア		イ		ウ　黄　：　青　＝　　：
問い2	エ	黄　・　白　・　青			
問					

※　課題1

【解答

問い2 下線部aのようになる理由を説明してください。ただし，他の地域から生物が入ってきたり，他の地域へ生物が出ていったりすることはないものとし，病気も発生しないものとします。

　ひろむさんは，森林での生物どうしの関係を調べる中で，落葉樹林にはカタクリという植物が見られることを知り，次のようにまとめました。

調べて分かったこと

＜落葉樹林について＞
　落葉樹林は，秋になると葉の色が変わり，いっせいに葉を落とし，次の年の4月～5月くらいにまた新しい葉をつける特ちょうがある。

＜カタクリについて＞
　カタクリは落葉樹林の林しょう（地面に近い場所）に生育する植物である。早春に芽を出し，3月ごろから約2か月くらいの間に，葉に日光が当たることでつくられた養分を地下の部分にたくわえている。
　b 5月くらいになり養分があまりつくられなくなると，カタクリの地上の部分は，かれて次の春になるとまた成長する。

　　　　　　　　　林しょう

森林の様子

落葉樹林の秋の様子

カタクリ

（出典：「視覚でとらえるフォトサイエンス生物図録」より作成）

問い3 下線部bのようになる理由を， 調べて分かったこと をもとに説明してください。

課題5

ゆうやさんとかなこさんは，貿易について学習し，ノートにまとめました。

日本とアメリカの貿易について

資料1　日本車をこわすアメリカの労働者

1980年

（出典：『ニュービジョン現社』より作成）

資料2　日本からアメリカへの自動車輸出と日本企業によるアメリカでの生産の推移

（出典：日本自動車工業会の資料より作成）

資料3　　　　　　　貿易まさつについて

　輸出国と輸入国との貿易に関する争いのこと。

　例えば，日本の工業製品が大量に輸出されると，相手国の工業製品が売れなくなり，その国の産業がおとろえることがあります。すると相手国は自国の産業を守ろうとして輸入の制限を行うなど，日本と激しく対立することがあります。

考えたこと

　資料1のようなことが起こっているのは，資料2，3より，日本からアメリカへの自動車の輸出台数が増えて，アメリカの企業が生産した自動車が　ア　ことで，アメリカの企業が倒産し，労働者が仕事を失ったことが原因の一つではないかと思います。

　しかし，1987年から10年ぐらいは，日本からアメリカへの輸出台数はほぼ毎年減少し，逆に日本企業によるアメリカでの生産台数が増加しています。それはこの時期，　イ　からではないかと思います。これにより，アメリカの労働者も働く場所ができ，不満が出ることも少なくなったのだと思います。

　どんな貿易をすれば，お互いの国のためになるかこれからも考えたいと思います。

問い1　考えたことの　ア　，　イ　にあてはまる内容を，資料2，3をもとに答えてください。

　貿易について調べることにしたゆうやさんとかなこさんは，図書館で『貿易について考える』という本を見つけました。

資料4	『貿易について考える』

これは，たとえ話です。

人口が６０人のＡ国と，人口が１８０人のＢ国の２つの国があります。【表１】は，それぞれの国でテレビと小麦の生産に必要となる労働力を表したものです。

【表２】は，Ａ国とＢ国でそれぞれテレビと小麦を生産した時のものです。【表３】は，Ａ国はテレビだけ，Ｂ国は小麦だけを生産した時のものです。

Ａ国とＢ国が貿易をする場合，【表２】と【表３】から，どんなことが言えるでしょうか。

【表１】生産に必要な労働力

	生産に必要とする労働力	
	テレビ１台	小麦１t
Ａ国	２０人	４０人
Ｂ国	１２０人	６０人

【表２】テレビ，小麦の両方を生産した場合

	テレビの生産にあたる人数	小麦の生産にあたる人数	生産物の合計
Ａ国	２０人	４０人	テレビ１台 小麦１t
Ｂ国	１２０人	６０人	テレビ１台 小麦１t

【表３】Ａ国がテレビ，Ｂ国が小麦を生産した場合

	テレビの生産にあたる人数	小麦の生産にあたる人数	生産物の合計
Ａ国	６０人	０人	テレビ３台 小麦０t
Ｂ国	０人	１８０人	テレビ０台 小麦３t

会話

かなこ： 【表３】は，Ａ国がテレビだけを，Ｂ国が小麦だけを生産しているので【表２】よりも，□□□□□□□□ことが分かるね。

ゆうや： そうだね。でも，お互いの国にとって最も良いのはどんな方法なんだろう。

かなこ： じゃあ，実際の貿易についても調べてみようよ。

問い２　**会話** の□□□□にあてはまる内容を，**資料4** を参考に答えてください。

問い３　かなこさんは，実際の貿易について調べたところ**資料5，6** を見つけ，考えたことをまとめました。**かなこさんが考えたこと** の□□□□にあてはまる内容を，**資料5，6** をもとに答えてください。

資料5	ザンビアの輸出品

（2017年）

ザンビア 80.6億ドル　銅 76.4　その他 20.7
化学製品 2.9

（出典：UN Comtrade より作成）

資料6	銅の貿易価格の推移

（円/kg）

（出典：World Bank より作成）

かなこさんが考えたこと

アフリカにある国，ザンビアでは，**資料5** のように，銅に関する産業が盛んで，銅の輸出の割合が大きいことが分かりました。しかし，輸出品の種類が少ない場合，**資料6** のように銅の価格が毎年変わってしまうと，□□□□□□□□ということになるから国としては困るのではないかと考えました。

これからも，貿易について調べていこうと思います。

けんたさんは，２０２１年２月の新聞で，ウナギに関する 記事 を見つけました。

記事

シラスウナギ２年連続豊漁 ７年ぶり安値

　ウナギの稚魚，シラスウナギが２年連続で豊漁です。日本や台湾，中国近海でよくとれています。夏の「土用の丑の日」は盛り上がりそうです。なぜ増えたかは今のところ謎です。産卵場の水温や潮流が稚魚の成育に適していた可能性がありますが，依然として生態には不明な点が多くあります。

（出典：日本経済新聞より作成）

　まず，「土用の丑の日」について興味をもったけんたさんは，おじいさんに聞いてみることにしました。

会話

けんた	「土用の丑の日」にウナギがスーパーにたくさん並んでいるのをみるけど，「土用」って何のことかな。
おじいさん	暦の上で季節の目安になるもので，年に４回あるんだ。ウナギを食べる「土用」というのは，２０２２年は，立秋の前日までの１８日間を指すよ。
けんた	立秋っていつなの。
おじいさん	２０２２年の立秋は８月７日だよ。
けんた	では「丑」は何かな。干支では見たことがあるけど…。
おじいさん	暦では，年だけではなく日付にも十二支が順番に割り当てられているんだよ。「土用」の期間のうち丑に当たるのが「土用の丑の日」になるんだ。立秋の８月７日は「辰」にあたるよ。
けんた	それがわかれば，「土用の丑の日」がいつなのかも調べられるね。

問い１　けんたさんが調べると，２０２２年の「土用の丑の日」は２回あることがわかりました。

　会話 と 資料１ を参考にして，２０２２年の「土用の丑の日」が何月何日になるのか答えてください。

資料１　干支の十二支

ウナギの生態について興味をもったけんたさんは，次に 資料2〜5 を見つけました。

資料2	ウナギの回遊経路

凡例：
→ 明らかになっている回遊経路
⇢ 不明な経路

成育場：東アジア
① 銀ウナギ
シラスウナギ
③
②
マリアナ海溝
繁殖場：西マリアナ海嶺
卵

（出典：塚原勝巳　東京大学大気海洋研究所より作成）

※ 銀ウナギ：産卵のために秋に海に向かって川を下る大きく成長したウナギ

※ 海嶺：海底にある山脈

資料3	世界を旅するウナギ

　ウナギの生態はこれまで謎でしたが，近年の研究により，捕獲されなかったごくわずかな天然の※銀ウナギが，太平洋の西マリアナ※海嶺付近で産卵することが特定されました。

　産卵後，うまれたウナギの稚魚は，赤道のすぐ北側を西に向かって流れる北赤道海流に乗り，まずフィリピン近くの海域に移動します。この北赤道海流は，フィリピンの沖で南北に分かれますが，その一方が北上して黒潮となり，もう一方は南下方向のミンダナオ海流となります。稚魚はシラスウナギと呼ばれるようになり，黒潮の流れにのり，東アジアの沿岸に近づき，河川を上っていきます。

　その後，産卵可能になると銀ウナギとなって１０月〜１２月に川を下り，太平洋に出て産卵場所でもある西マリアナ海嶺に向かいます。

（出典：WWF JAPAN より作成）

資料4	主な県の銀ウナギの※採捕を禁止している時期
宮崎県	１０月から３月
鹿児島県	１０月から２月
熊本県	１０月から３月
高知県	１０月から３月
静岡県	１０月から２月

※ 採捕：動植物を捕まえること

（出典：水産庁ホームページより作成）

資料5	シラスウナギの国内漁獲量

(t)

1960 65 70 75 80 85 90 95 2000 05 10 15 20年

（出典：水産庁ホームページより作成）

問い2　資料2 の①〜③の回遊経路に関係する海流名の組み合わせとして正しいものを，資料3 を参考にして次から１つ選び，記号で答えてください。

ア　①黒潮　　　　　②北赤道海流　　　③ミンダナオ海流
イ　①黒潮　　　　　②ミンダナオ海流　③北赤道海流
ウ　①北赤道海流　　②ミンダナオ海流　③黒潮
エ　①北赤道海流　　②黒潮　　　　　　③ミンダナオ海流

問い3　資料4 のように，銀ウナギの採捕を禁止している時期がある理由として考えられることを，資料3〜5 を関連づけて説明してください。

【適Ⅰ　第

令和三年度

宮崎県立五ヶ瀬中等教育学校
宮崎県立宮崎西高等学校附属中学校
宮崎県立都城泉ヶ丘高等学校附属中学校

「作文」

午前九時三十分〜午前十時十分（四〇分）

【資料B】

※がついている言葉は、後に説明があります。

日本は世界の中で、とても ※同調圧力の強い国です。

そのことが、良い方向に働くことも、もちろんあります。

例えば、東日本大震災の時、ズタズタになった道路は、たったの1週間で見事に修復されました。

震災直後と1週間後の道路の写真は並べられ、「日本の奇跡」としてネットで世界中に広がりました。

働いていた人達には、それぞれ、事情があったはずです。震災で家族や親戚が行方不明の人もいたかもしれません。家が壊れたり、避難している人もいたかもしれません。

でも、みんなが自分の事情を後回しにして、一致団結して、道路を直したのです。

そうすることが当然だとみんな思いました。これが、良い意味での「同調圧力」です。

でも、これが悪い方向に行くと、クラスでただ一人ランドセルを使ってない生徒を攻撃したり、派手な洋服の生徒を全員で無視したりするのです。

「みんなひとつになろう」という「同調圧力」は、「みんな同じことを考えている」と「ひとつになることは良いこと」という ※前提があります。

みんな同じ「世間」に住んでいる仲間という意識です。

ただ、「みんな同じことを考えていない」、という前提があるのです。

海外にも同調圧力はあります。

受検番号	
氏　　名	

令和３年度

宮崎県立五ヶ瀬中等教育学校
宮崎県立宮崎西高等学校附属中学校
宮崎県立都城泉ヶ丘高等学校附属中学校

適 性 検 査 Ⅰ

【 第 1 部 】

10：30〜11：20 （50分）

（ 注　意 ）

1　指示があるまで，この表紙以外のところを見てはいけません。

2　検査用紙は，表紙をのぞいて12ページで，課題は全部で6題です。

3　解答用紙は3枚です。もう1枚の計算用紙は，計算やメモに使ってかまいません。

4　「始めなさい」の指示があったら，まず検査用紙と3枚の解答用紙に受検番号と氏名を書きなさい。

5　検査用紙のページ数がまちがっていたり，解答用紙の枚数が足りなかったり，また，文字や図がはっきりしなかったりする場合は，だまって手をあげなさい。

6　課題の内容や答えなどについての質問には，答えられません。

7　「やめなさい」の指示があったら，すぐえんぴつを置き，解答用紙を3枚ともうら返して机の上に置きなさい。

はるとさんのクラスは, 学習発表会の展示で, 右の 写真 のようなモビール（風で動くかざり）を作ることになりました。

モビールの解説

モビールは, それぞれの棒で左右がつりあうように作られています。 図1 のように, どの棒でも, てこの規則性により,

（左側のかざりの重さ）×（支点からAまでの距離）

　　　＝（右側のかざりの重さ）×（支点からBまでの距離）

が成り立ちます。

ただし, 棒とひもの重さは考えません。

写真：モビール

図1

（支点からAまでの距離）　（支点からBまでの距離）

先生とはるとさんが, 図1 のモビールを見ながら話しています。

会話1

先　生：　図1 は, ちょうどつりあっています。◯ と ☐ の重さは同じでしょうか。

はると：　支点からAまでの距離が支点からBまでの距離よりも長いから, ◯ の重さの方が ☐ の重さよりも （ ア： 重い ・ 軽い ） と思います。

先　生：　そのとおりです。では, 図2 のように, 棒全体の長さが１４cmで, 支点からAまでの距離が１０cm, ◯ の重さが４gの場合, ☐ の重さは何gになりますか。

はると：　☐ の重さは, （ イ ） gです。

先　生：　そのとおりです。では, 図3 のように, ◯ の重さを２g, ☐ の重さを６gにした場合, 支点からAまでの距離を何cmにすればつりあいますか。

はると：　棒全体の長さは１４cmだから, （ ウ ） cmです。

先　生：　そのとおりです。

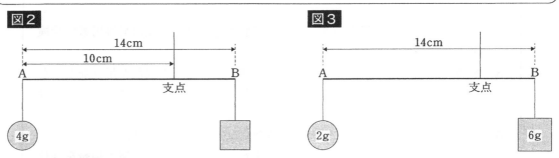

図2　　　　　　　　　　　　　　　　　図3

問い1 　会話1 の （ ア ）にあてはまる言葉を選んでください。

問い2 　会話1 の （ イ ）, （ ウ ）にあてはまる数を答えてください。

次に，先生とはるとさんは，図4のモビールを見ながら話しています。

会話2

先　生：　図4のモビールは，3か所とも左右がつりあっています。かざりの重さや支
　　　　　点からの距離はどうなっていますか。
はると：　同じように考えると，（　エ　）cm，（　オ　）g，（　カ　）gです。
先　生：　よくできました。これでモビールを作ることができますね。

図4

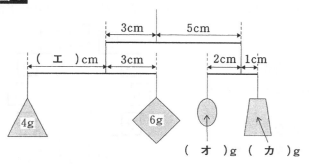

問い3　会話2の（　エ　），（　オ　），（　カ　）にあてはまる数を答えてください。

ひまりさんとみなとさんは，右のような1枚につき
1つの数が1から順に書かれた何枚かのカードを使っ
たゲームをすることになりました。

会話1

みなと：　どんなゲームなのかな。

ひまり：　まず，何枚かのカードを1から順に時計回りで，円形に並べていくよ。並べた
カードを1のカードから，1枚おきに取り除いていくとき，最後にどのカードが
残るのかを考えるゲームだよ。

みなと：　実際にやってみたいな。

ひまり：　では，1から12までの数が書かれたカード
を例にゲームをしてみるから，カードを並べて
みて。

みなと：　できたよ。次はどうするのかな。

ひまり：　1のカードから，1枚おきにカードを取り除
くよ。1周目に取り除くカードは
1，3，5，7，9，11だから，
このとき残ったカードは
2，4，6，8，10，12だね。
そして，次は，2のカードを取り除くところ
から2周目が始まると，2，6，10が取り除
かれ，さらに3周目は，4，12のカードが取
り除かれるから，最後に残ったのは，8のカー
ドになるよね。

みなと：　そうだね。

ひまり：　それでは，1から4までの数が書かれたカードを並べたとき，どのカードが残
るかな。

みなと：　（　ア　）のカードだよね。

ひまり：　正解です。今度は1から8までの数が書かれたカードを並べると，どのカード
が残るかな。

みなと：　（　イ　）のカードだよ。

ひまり：　正解です。

問い1　会話1の（　ア　），（　イ　）にあてはまる数を答えてください。

次に，2人は，もっとカードの枚数を増やしてゲームをしてみることにしました。

会話2

ひまり： 1から16までの数が書かれたカードを並べると，どのカードが最後に残るか
というと（ ウ ）のカードだよ。やってみて。

みなと： 1，3，5，…本当だ，（ ウ ）のカードだ。どうしてすぐに分かったの。

ひまり： それはね，1から8までの数が書かれた8枚のカードを使ったときのゲームの
結果を使って考えたからだよ。

みなと： どうやって考えたか，教えて。

ひまり： まず，1のカードから，1，3，5，7，9，11，13，15の
8枚のカードを取り除くよ。
すると，残っているカードは
2，4，6，8，10，12，14，16の8枚だよね。
8枚のカードを使ったとき，最後に残ったカードはどのカードだったかな。

みなと： そう考えると，最初にした12枚のカードを使ったゲームで8のカードが残る
ことも，8枚のカードを使ったゲームの結果を使って説明することができるね。

ひまり： そのとおりだよ。考えてみよう。

みなと： 12枚だから，8枚より4枚多いよね。1，3，5，7の4枚のカードを取り
除くと，残りのカードの並び方は，次に取り除かれる9を最初と考えて
9，10，11，12，2，4，6，8になるから…。
分かった，だから最後の8なんだ。

ひまり： それでは最後の問題だよ。1から30までの数が書かれたカードを並べたとき，
どのカードが残るかな。

みなと： （ エ ）のカードだよね。

ひまり： 正解です。

問い2 **会話2** の（ ウ ），（ エ ）にあてはまる数を答えてください。
　　※ 同じカタカナの（ ）には，同じ数が入ります。

- 4 -

環境問題について興味をもったみどりさんは，夏休みの自由研究で次の レポート を作成しました。

レポート 酸性雨のしくみと影響について

1　酸性雨ができるしくみ
　　工場や自動車などから出される排気ガスが空中で変化して雨水にとけると，酸性雨とよばれる強い酸性の雨になる。

2　酸性雨の影響
　　金属にさびを発生させたり，コンクリートをとかしたりする。

3　酸性雨の様子
　　酸性雨の強さについて調べると， 図1 のことが分かった。そして， 図2 から，日本各地で観測された酸性雨について， a人口が少ない地域や工業が盛んでない地域にも酸性雨が降ることが分かった。また， 図3 のように， b日本の西側の海の向こうには，交通の発達や工業の発展などで，たくさんの排気ガスが発生しているところがあることが分かった。

図1

pH
0 1 2 3 4 5 6 | 5.6 | 7 8 9 10 11 12 13 14
酸性　　中性　　アルカリ性

○　酸性雨の強さは，pH（ピーエイチ）という値で表される。
○　pHの値が小さいほど強い酸性である。
○　pHの値が5.6以下の雨が，酸性雨の目安とされている。

図2
利尻pH4.7
佐波関岬pH4.9
越前岬pH4.8
筑後小郡pH4.7
京都八幡pH4.7
尼崎pH4.7
椿原pH4.8
東京pH4.9

出典：「越境大気汚染・酸性雨長期モニタリング報告書」より作成

図3

問い1　 レポート の下線部aのことが起こる理由について，下線部bと日本付近の天気の変化について示した 図4 を関係づけて答えてください。

図4
1日め　　　→　　　2日め　　　→　　　3日め

　みどりさんは，プラスチックのごみが海の生物におよぼす影響についてもレポートにまとめようと思い，近くの海岸でプラスチックのごみを採集しました。後の 表 は，採集したプラスチックについて調べてまとめたものです。

<table>
<tr><th></th><th>名　　前</th><th>製品・用途</th><th>1cm³あたりの重さ</th></tr>
<tr><td>ア</td><td>ポリスチレン</td><td>プラモデル，テレビの外わくなど</td><td>約1.06g</td></tr>
<tr><td>イ</td><td>ポリプロピレン</td><td>ペン，台所用品など</td><td>約0.91g</td></tr>
<tr><td>ウ</td><td>ポリ塩化ビニル</td><td>パイプ，電気コードなど</td><td>約1.4g</td></tr>
<tr><td>エ</td><td>ポリエチレン</td><td>レジぶくろ，ペットボトルのキャップなど</td><td>約0.94g</td></tr>
</table>

みどりさんは，　表　の4種類のプラスチックのごみが混ざったものについて，調べたことをもとに選別できないか，次の　方法　でモデル実験を行うことにしました。

方法

① 　表　の4種類のプラスチックについて，　図5　のような，中が空どうでない同じ大きさで同じ形のものをそれぞれ用意した。また，水が入ったビーカーを用意した。
② 　4種類のプラスチックをいっしょに水の中に入れると，水に浮くものがあったので，浮いたものを取りのぞいた。
③ 　残ったプラスチックが入ったビーカーの中に，食塩を少しずつとかしていった。食塩を少しずつとかし，だんだん濃い食塩水にしていくと，ある濃さになったとき食塩水に浮くものがあったため，浮いたものを取りのぞいた。

図5

問い2　　方法　の③の食塩水をつくるために食塩を10gはかります。　図6　は，このとき使った上皿てんびんであり，　図7　は分銅をのせている皿，　図8　は食塩をのせている皿です。　図6　の上皿てんびんの左右の皿が　図7　，　図8　の状態にあり，針が正面から見て左右同じはばでふれているとき，食塩の量は正しくはかることができていると言えますか。解答用紙のあてはまる方を◯で囲んであなたの考えを明らかにし，そのように判断した理由を答えてください。

図6　　　　　　　図7　　　皿　　10gの分銅　　　図8　　薬包紙　　食塩

問い3　　方法　の③のとき，食塩水に浮いて取りのぞいたものは，　表　の4種類のプラスチックのうちどれですか。　表　のア～エから1つ選び，記号で答えてください。ただし，1cm³あたりの水の重さは1gとします。また，水と食塩水では，1cm³あたりの重さは食塩水の方が重く，とけている食塩の量が多いほど食塩水は重くなるものとします。

課題4

　だいちさんは，新聞に「チバニアン」という言葉を見つけ，興味をもったため調べてみました。次の 会話1 は，だいちさんと先生が「チバニアン」について話をしている様子です。

会話1

だいち： 新聞を読むと，チバニアンは約７７万４千年前から１２万９千年前の時代のことを指していて，地球の地磁気についての重要な手がかりがあると書かれてありました。

先　生： そうなんです。a地球は大きな磁石と考えることができ，棒磁石と同じようにＮ極とＳ極があります。地磁気とは地球のまわりにある磁力の世界のことです。この時代の地層を調べると，bチバニアンの前の時代は地磁気が現在とは逆になっていたことが分かったそうです。

問い１　次の図は地球を表したもので，図1 は下線部bの時代の地球を，図2 は現在の地球を表しています。地球を下線部aと考えたとき，図の□には，Ｎ，Ｓのどちらが入るでしょうか。それぞれ，ＮかＳのどちらかで答えてください。

図1　チバニアンの前の時代の地球　　　　図2　現在の地球

北極　　　　　　　　　　　　北極
①極　　　　　　　　　　　③極
②極　　　　　　　　　　　④極
南極　　　　　　　　　　　　南極

　新聞記事から地層に興味をもっただいちさんは，地層について調べる中で，地層には火山から出た火山灰の層が見られることがあることと，火山灰には次のような 特ちょう があることを知りました。

特ちょう

① 火山灰は火山ごとにちがいがある。また，同じ火山でもふん火した時代がちがうと火山灰の特ちょうもちがう。
② 火山灰は，遠く広いはんいに降り積もる。

問い２　火山灰の層を見つけることでどのようなことが分かるか，特ちょう の①，②をもとに説明してください。

だいちさんは，地磁気について調べる中で，北極に近い地域の空ではオーロラが発生することを知り，オーロラについて先生にくわしく聞くことにしました。

会話2

先　　生：　オーロラは，太陽から出て地球に届いた粒子が大気中の成分とぶつかって発生します。図3のように，北極点を囲むドーナツ状の地域の上空で発生し，ここを「オーロラベルト」といいます。
　　　　　　図4は，シベリアで見られるオーロラですよ。オーロラは高さによって色がちがい，上空200km以上では赤色に，200kmから100kmの間では緑色に光って見えます。このことにより，オーロラは見る場所によって見える色がちがうのです。
だいち：　日本では，シベリアのような色のオーロラは見ることができますか。
先　　生：　日本では，北海道で赤色のオーロラが見られることはあるようです。しかし，これはシベリアの上空で発生したオーロラの一部が見えているのです。c北海道では，緑色のオーロラを見ることは難しいですね。

図3

オーロラベルト
北極点
北海道
シベリア

図4

問い3　下線部cについて，先生とだいちさんの会話2および次の資料をもとに，その理由を答えてください。

資料

○　北海道とシベリアでは，シベリアの方が北に位置している。
○　北極星は，地球上の観察する位置によって見える高さがちがう。同じ日の同じ時刻でくらべると，図5のように北へ行くほど高くなる。また，北極星の下の方がより広く見えるようになる。

図5

北極星
北斗七星

北へ行くほど

北海道の北の空

シベリアの北の空

　ひかるさんは，校外学習で市役所に行って，農林水産業の「6次産業化」について話を聞き，そのよい点についてレポートにまとめました。

ひかるさんのレポート

日本の農業が変わる

【6次産業化とは】

　「6次産業化」とは，「第1次産業」である農業や水産業などの仕事をしている人が，「第2次産業」の分野である加工を行い，「第3次産業」の分野である商品の運送や販売までを手がけることです。

　例えば，みかん農家なら，自分で育てたみかんを加工して，ジュースをつくって直接販売するところまで関わります。

　「6次産業化」という名しょうは，「第1次産業」の「1」と，「第2次産業」の「2」と「第3次産業」の「3」を足すと，「6」になることからうまれた名しょうでした。その後，それぞれの産業が連携し，農林水産業がさらに成長することを目指し，資料1のように改められました。

資料1　「6次産業化」を表す図

資料2　6次産業化のよい点（複数回答）

（日本政策金融公庫「農業の6次産業化に関するアンケート調査結果」より作成）

まとめ

　資料2から，6次産業化のよい点の中で，　①　の人が答えた回答が収入の向上と農産物の生産拡大です。

　収入の向上については，これまで生産する過程のみを担当していた農業の分野が，　②　，販売の過程を取り込むことによって，第1次産業のみでは得られなかった収入が得られると思います。

　また，生産が拡大すれば，仕事の量が増え，働く人も増えると思います。これらのことから，地域の　③　化にもつながる取り組みのように感じました。

問い1　**ひかるさんのレポート**の**資料1**の　**ア**　には，「6次産業化」を成り立たせるための記号（ー，×，÷）のいずれかが共通して入ります。レポート中の【6次産業化とは】の内容を参考に，あてはまる記号を答えてください。

問い2　ひかるさんのレポート における まとめ の ① , ② にあてはまる語句を
答えてください。
また， ③ にあてはまる語句として最も適切なものを，次のア〜エから１つ選び，
記号で答えてください。
　ア　情報　　　　イ　民主　　　　ウ　活性　　　エ　機械

問い3　ひかるさんは，農業の進歩について興味
　　　をもち，調べていく中で，右の 資料3 の
　　　ような「※スマート農業」が注目されてい
　　　ることを知りました。その後，ひかるさん
　　　は 資料4，5 を見つけ，その理由を考え
　　　ました。
　　　　資料3〜5 をもとに，下の ひかるさ
　　　んの発表原稿 の ア ， イ にあ
　　　てはまる内容をそれぞれ答えてください。

資料3　自動運転田植え機

※スマート農業…ロボット技術やAI（人工
知能），パソコン，スマート
フォンなどを活用した新た
な農業のこと

資料4　農業で収入を得る人口と
農家の平均年齢の推移

農業で収入を得る人口　　　農家の平均年齢

（農林水産省「農林業センサス」「農業構造動態調査」他より作成）

資料5　全国の農家一戸あたりの
農地面積

（農林水産省「農地に関する統計」他より作成）

ひかるさんの発表原稿

　近年，スマート農業が注目されているのは，以前と比べて，農業で収入を得る人口が
　 ア 　ことや，農家の平均年齢が高くなってきたことから， 資料3 のような技術を
使えば，年々増えてきた農家一戸当たりの農地を 　 イ 　ことができるからではないか
と考えました。

社会科の学習で，宮崎県の道について調べたあきおさんは，先生に相談をしています。

会話1

あきお：　宮崎県の道について調べたら，日向往還（ひゅうがおうかん）という古い道を見つけました。

先　生：　資料1 の古道のことですね。鎌倉（かまくら）から明治（めいじ）時代の間，今の熊本市から延岡（のべおか）市まで続いていたのですよ。資料1 の★印は，日向往還の歴史に迫る「学び旅の名所」です。

あきお：　有名な句を作った種田（たねだ）山頭火（さんとうか）も旅したというのは本当ですか。

先　生：　本当です。山頭火が日向往還を旅したときに詠（よ）んだとされる句の ① からも，当時の道のけわしさが分かりますね。

あきお：　日向往還は，どのあたりを通る道だったのでしょうか。

先　生：　資料2 の高速道路のうち，② あたりを通る道だったのですよ。

資料1　日向往還

◎市役所

資料2　九州の主な高速道路（一部）

九州中央自動車道
九州自動車道
東九州自動車道
宮崎自動車道

━━━ 高速道路（未完成区間を含む）

（日向往還顕彰（けんしょう）会資料等をもとに作成）

問い1　資料1，2 をもとに，会話1 の ① にあてはまる句を，次のア～エから1つ選び，記号で答えてください。また，② にあてはまる語句を答えてください。

ア　「春の海終日のたりのたりかな」　　イ　「たんぽぽたんぽぽ砂浜（すなはま）に春が目を開く」
ウ　「分け入っても分け入っても青い山」　エ　「体冷えて東北（とうほく）白い花盛り（はなざかり）」

問い2　会話1 の下線部について，あきおさんは家族と「学び旅の名所」を訪（おとず）れる旅行に行き，下のア～エの写真を撮りました。次のあきおさんのレポートをもとに，下のア～エの写真を，訪れた順番にならべかえてください。

　ぼくは，まず西南戦争（さいごう）で西郷軍の敗走ルートになった場所を訪れた。苔（こけ）の生えた歴史を感じさせる景色だった。次に，水不足に悩む台地へ水を運ぶために建設された施設（しせつ）を訪れた。その後訪れた白壁造（しらかべ）りの町並みは，若山牧水（わかやまぼくすい）が「シャレタ町ナリ」と日記に残（のこ）したそうだ。最後に神々などをまつるパワースポットを楽しんだ。

ア 　イ 　ウ 　エ

（「日向往還のたびパンフレット」をもとに作成）

次に，あきおさんはお父さんの車に乗って，おじさんの家に行くことにしました。

問い3 高速道路を移動する途中，車窓から，遠くに 資料3 の漁港や太陽光パネルが見えま
した。あきおさんが向かっている方向を， 資料4 のア〜エから1つ選び，記号で答え
てください。また，そのように判断した理由を，「**漁港**」という語句を使い，**太陽光パ
ネルの向き**も参考にしながら答えてください。

資料3　車窓からの景色

漁港
太陽光パネル
あきおさんの進行方向

資料4　宮崎県を通る高速道路（一部）

東九州自動車道
ア
イ
えびの
宮崎自動車道
都城
宮崎
エ
ウ

あきおさんは，おじさんが住む町の高速道路のインターチェンジの近くに，下の 資料5
の標識があることに気づきました。そのことについておじさんと話をしました。

会話2

あきお：　なぜ， 資料5 の高速道路付近に，津波避難場所の標識が設置されているの。
お　じ：　 資料5 の高速道路付近は，　ア　になっており， 資料6 のように，津波
　　　　　の際に　イ　ので，避難場所に適しているからだよ。
あきお：　ぼくも家に帰ったら，浸水の深さを予想したハザードマップを見ながら，避難
　　　　　場所を確認してみるよ。
お　じ：　災害時の避難場所を家族と確認しておくといいね。

資料5　高速道路と付近の標識

高速道路
○の標識を
拡大したもの

（Google Earth ストリートビューをもとに作成）

資料6　高速道路付近のハザードマップ

標識の
ある地点

おじさんの家

浸水の深さ予想
5 m以上
2 m〜5 m未満
1 m〜2 m未満
0.3 m〜1 m未満
0.3 m未満

問い4 あきおさんとおじさんの 会話2 の　ア　，　イ　にあてはまる内容を，
資料5，6 をもとに答えてください。

課題用紙③

問い一　【資料Ａ】では、おばあちゃんは、「じぶん」をどのような存在としてとらえていますか。
　また、【資料Ｂ】では、筆者は、「みんな」をどのような存在としてとらえていますか。それぞれ説明してください。

問い二　あなたは、これからどのように「みんな」と生活し、「じぶん」を育てていきたいですか。次の（条件）にしたがってあなたの考えを書いてください。

（条件）

①　問い一で説明した「じぶん」、「みんな」の内容をふまえて書いてください。
②　あなたの体験を入れて、「学校生活」、「将来」、「人生」などの視点から書いてください。
③　三百字以上、四百字以内で書いてください。

クだと、白人の生徒がいて、アフリカ系の生徒がいて、アジア系の生徒がいて、ヒスパニックというスペイン系の生徒がひとつの教室にいます。

アジア系と言っても、日本と韓国と中国だったりします。それをまとめてアジア系と言っても、全然、違うと私達は知っています。

そんなバラバラな生徒がひとつの教室に集まっている時に、「派手な服を着てきたからいじめよう」と、全員が思うはずがないのです。

それぞれの文化が違うのだから、派手であることをイヤだと思う人もいれば、派手は素晴らしいと思う人もいるのです。

「派手な服」という ※定義も違うのです。

色をたくさん使っているのが派手なのか、肌をたくさん露出しているのが派手なのか、キャラクターなどのプリントがついているのが派手なのか。文化が違えば、定義が違うのです。

相手が「何を良いと思っているのか分からない」ということでもあります。

（鴻上尚史『「空気」を読んでも従わない　生き苦しさからラクになる』岩波ジュニア新書による）

※　定義 …………… 決められた言葉の意味。
※　前提 …………… 前もって決まっている条件。
※　同調圧力 ……… 多い意見に合わせて行動するように強制する力。

【資料A】、【資料B】を読んで、後の問いに答えてください。

【資料A】

【資料A】

> 著作権に関係する弊社の都合
> により省略致します
>
> 　　　　　教英出版編集部

（ヨシタケシンスケ「ぼくのニセモノをつくるには」による）

（　注　意　）

一　指示があるまで、表紙（この用紙）以外のところを見てはいけません。

二　検査用紙は、表紙一枚、課題用紙三枚、作文用紙一枚の計五枚です。

三　「始めなさい」の指示があったら、まず受検番号と氏名を、作文用紙の決められたらんに書きなさい。

四　声に出して読んではいけません。

五　印刷がはっきりしなかったり、課題用紙や作文用紙が足りなかったりした場合は、だまって手をあげなさい。

六　課題の内容などについての質問には答えられません。

七　「やめなさい」の指示があったら、すぐにえんぴつを置き、表紙（この用紙）を上にして机の上に置きなさい。

令和３年度

宮崎県立五ヶ瀬中等教育学校
宮崎県立宮崎西高等学校附属中学校
宮崎県立都城泉ヶ丘高等学校附属中学校

適 性 検 査 Ⅰ

【 第 ２ 部 】

11:40～12:30 （50分）

（ 注　意 ）

1　指示があるまで，この表紙以外のところを見てはいけません。

2　検査用紙は，表紙をのぞいて12ページで，課題は全部で６題です。

3　解答用紙は３枚です。もう１枚の計算用紙は，計算やメモに使ってかまいません。

4　「始めなさい」の指示があったら，まず検査用紙と３枚の解答用紙に受検番号と氏名を書きなさい。

5　検査用紙のページ数がまちがっていたり，解答用紙の枚数が足りなかったり，また，文字や図がはっきりしなかったりする場合は，だまって手をあげなさい。

6　課題の内容や答えなどについての質問には，答えられません。

7　「やめなさい」の指示があったら，すぐえんぴつを置き，解答用紙を３枚ともうら返して机の上に置きなさい。

ゆうとさんとななみさんは，右の **図1** のような，たてと横に1cmずつ等しい間隔で並んでいる点を見て，話をしています。

図1

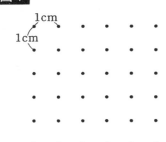

1cm
1cm

会話1

> ななみ： これらの点を結んで作ることができる図形について考えてみると，**図2** のようにA，B，Cの点を結べば三角形を作ることができるね。
>
> ゆうと： そうだね。結ぶ3つの点の取り方でいろいろな三角形を作ることができそうだね。
>
> ななみ： ①BとCの点はそのままで，A以外の点を取って作ることができる三角形について考えてみよう。

図2

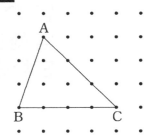

問い1 **会話1** の下線①について，**図2** の三角形ABCと面積が等しい三角形を作るとき，A以外の点の取り方は何通りあるか答えてください。また，そのように考えた理由を書いてください。（点は，**図2** に示したものとする。）

　　　次に，2人は四角形について考えてみることにしました。

会話2

> ゆうと： **図3** のように点D，E，F，Gを順に結ぶと四角形を作ることができるね。②DとEの点はそのままで，この四角形と面積が等しい三角形を作りたいけど，どうすればいいかな。
>
> ななみ： 点D，Eと，もう1つの点を結んで作ることができる三角形の面積を考えてみよう。

図3

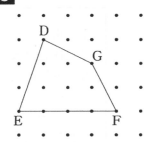

問い2 **会話2** の下線②について，**図3** の四角形と面積が等しくなる三角形を，点D，Eと，もう1つの点を結んで作り，定規を使って正確にかいてください。

さらに，2人は正方形について考えてみることにしました。

会話3

> ゆうと： 図4 のように点H，I，J，Kを順に結ぶと，
> 　　　　 1辺の長さが1cmの正方形を作ることができるね。
> ななみ： そうだね。この正方形の面積は1cm²だね。
> ゆうと： 4つの点を結んで，面積が1cm²や4cm²になる
> 　　　　 正方形は作ることができそうだけど，面積が2cm²
> 　　　　 になる正方形は作ることができるかな。
> ななみ： 図5 のように点L，M，N，Oを順に結ぶと，
> 　　　　 面積が2cm²になる正方形を作ることができるよ。
> ゆうと： では，面積が10cm²になる正方形は作ることが
> 　　　　 できるかな。

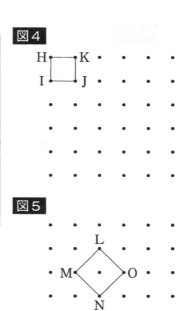

問い3　 会話3 について，面積が10cm²になる正方形を，定規を使ってかいてください。
　　　　また，その正方形が面積10cm²になる理由を説明してください。

さくらさんと先生は，スマートフォンについて話をしています。

会話1

先　生：　スマートフォンなどの電子機器は，２種類の記号の組み合わせで，データの処理を行っています。

さくら：　どういうことですか。

先　生：　例えば，２種類の記号を○と●とすると，この○と●の組み合わせで，いろいろなことを表すことができます。

さくら：　そんなことができるのですか。

先　生：　数を例に挙げると，右の 表 のようになります。

さくら：　ちょっと待ってください…。分かった気がします。

先　生：　では，１３の数を表す記号の組み合わせはどうなりますか。

さくら：　（　ア　）です。

先　生：　正解です。ちなみに，私の誕生日を２種類の記号の組み合わせで表すと●○●○月●○○○●日です。

表

数	記号の組み合わせ			
0				○
1				●
2			●	○
3			●	●
4		●	○	○
5		●	○	●
6		●	●	○
7		●	●	●
8	●	○	○	○

問い１　会話1 の （　ア　）にあてはまる記号の組み合わせを，解答用紙の○をぬりつぶして答えてください。

問い２　会話1 で，先生の誕生日は，何月何日か答えてください。

次に，さくらさんと先生は，スマートフォンの電話番号について話をしています。

会話２

先　生：　私のスマートフォンの電話番号は，最後の４けたが偶然にも自分の誕生日の月日を並べた４けたと同じ番号なんです。

さくら：　そうなんですね。私の誕生日は３月１３日だから，私の場合だとその番号は，０３１３になります。

先　生：　そうですか。それでは，さくらさんの番号の数を使って問題を出すね。３を２個以上ふくむ４けたの番号は何通りあるでしょうか。

４けたの番号			
０	３	１	３

さくら：　数えるのが大変そうですね。

先　生：　１つずつ調べていくと時間がかかります。どうすればいいと思いますか。

さくら：　はい，３の数に注目して考えればいいと思います。

先　生：　そのとおりです。４けたの番号に，３を２個以上ふくむのは，「３が２個のとき」，「３が３個のとき」，「３が４個のとき」の３つの場合に分けられます。まず，「３が４個のとき」は何通りありますか。

さくら：　（　イ　）通りです。

先　生：　正解です。次に，「３が３個のとき」，３以外の残り１個の数が，４けたの番号のどこに入るのかを考えると，何通りありますか。

さくら：　（　ウ　）通りです。分かりました。このとき，３以外の数は全部で（　エ　）通りあるから，「３が３個のとき」は３６通りになると思います。

先　生：　最後は，「３が２個のとき」です。

さくら：　同じように考えればいいので，（　オ　）通りです。

先　生：　正解です。ということは，３を２個以上ふくむ４けたの番号が全部で何通りあるかは，（　イ　）＋３６＋（　オ　）を計算すれば分かりますね。

問い３　**会話２**の（　イ　），（　ウ　），（　エ　）にあてはまる数を答えてください。

　　※　同じカタカナの（　）には，同じ数が入ります。

問い４　**会話２**の（　オ　）にあてはまる数を答えてください。また，その理由も書いてください。

よしこさんとたかしさんは，社会科の授業でオイルショックについて学び，ノートにまとめました。

オイルショックでトイレットペーパーが消えた!?

１９７３年の※オイルショック（石油危機）のときにトイレットペーパーの買い占めが起こったんだよ。

聞き取り１
スーパーの店長

買い占めに殺到する消費者（1973年）

日本が石油を輸入している地域で，１９７３年に戦争が起きたんだよ。

聞き取り２
よしこさんの
おじいさん

なぜ，トイレットペーパーの原料は木材なのに，石油が関係するのかな？

たかし

資料１　※１バーレル（１５９Ｌ）あたりの※原油価格

（グラフ：縦軸 円 0〜4000、横軸 1970 71 72 73 74 75年）

資料２　トイレットペーパーと石油

１９７３年当時，トイレットペーパーを生産する紙パルプ産業では，紙を作る際，とかした原料をかわかすために石油を燃料として用いていました。

（『通商産業政策史』より作成）

※オイルショック…産油国が石油の生産量を減らしたことや価格の引き上げによって生じた世界的な混乱
※バーレル…体積の単位の１つ
※原油…油田からほり出したままの状態のもの。加工して石油等がつくられる。

考えたこと

　１９７３年にトイレットペーパーの買い占めが起きたのは，日本が石油を輸入している地域で戦争が起きて，資料１，２から，□□□□□□□という心配が広がったからではないかなと思いました。

よしこ

感　想

　どうすればトイレットペーパーの買い占めがなくなるのか，もっと調べてみたいです。

問い１　考えたことの□□□□□にあてはまる内容を，資料１，２を関連づけて，答えてください。

　ノートにまとめた後，どうすれば買い占めが起こらなくなるのか先生に聞いてみたところ，「買い物ゲーム」を紹介してくださいました。よしこさんとたかしさんはルールにしたがい，「買い物ゲーム」をすることにしました。

【「買い物ゲーム」のルール】

① 品薄のトイレットペーパーが薬局に入荷された。家には，１か月はこまらない程度の買い置きがある。
② 各自が選べるカードは，「あわてて買わない」か「急いで買う」のどちらか１つ。
③ どちらを選ぶかは，お互いに相談できない。
④ 二人とも「あわてて買わない」カードを選べば，それぞれ３０点。
⑤ 一人が「あわてて買わない」カード，もう一人が「急いで買う」カードを選べば，「あわてて買わない」カードを選んだ方が０点，「急いで買う」カードを選んだ方は５０点。
⑥ 二人とも「急いで買う」カードを選べば，それぞれ１０点。

資料３ 　「買い物ゲーム」の得点表

たかし ＼ よしこ	あわてて買わない	急いで買う
あわてて買わない	３０点 ／ ３０点	０点 ／ ５０点
急いで買う	５０点 ／ ０点	１０点 ／ １０点

問い２　「買い物ゲーム」に負けたくなかったたかしさんは，よしこさんに負けないようにカードを選びました。たかしさんが選んだカードを， **資料３** を参考にして，答えてください。

　　　また，そのカードをたかしさんが選んだ理由を，たかしさんとよしこさんの具体的な得点を示して説明してください。

　　先生とよしこさん，たかしさんは「買い物ゲーム」を終え，ふり返りを行いました。

会話

先　生：　実は，このゲームのポイントは，相手の得点に勝つことではありません。
たかし：　それはどういうことですか。
先　生：　自分だけではなく，お互いが高い得点を取れように考えることがポイントです。そう考えると，得点表の中で最もよい選び方は，□□□□□□□□□□□になりますね。よりよい社会をつくるためには，このような関係を築いていくことが大切です。
よしこ：　どうすればそのような関係を築くことができますか。
先　生：　例えば，私たち消費者は，生産や出荷に直接関わっている会社から発信される正しい情報を収集し，みんなで共有することが必要ですね。
たかし：　今回学んだことは，台風などの災害時にも役立てられそうです。

問い３　上の **会話** の□□について，お互いが高い得点をとれるようにするには，よしこさんとたかしさんはどのカードを選べばよいか，それぞれ答えてください。また，なぜそのカードを選ぶことが必要なのか答えてください。

まことさんとさくらさんは，授業で日本の漁業と養しょく業のことを調べることになり，話し合いました。

会話1

まこと： ぼくは，日本の漁業と養しょく業の生産量について，資料1を見つけたよ。

さくら： 資料1を見ると，日本の漁業と養しょく業の生産量は，毎年おおむね減ってきているね。

まこと： 沿岸漁業と養しょく業の生産量を合わせると，毎年沖合漁業とほぼ同じくらいの生産量になるよ。また，２００８年と２０１９年の生産量を比べると，遠洋漁業の減っている量が一番少なく，養しょく業が2番目に少ないよ。

さくら： 日本の漁業は，漁業の方法によって，生産量の割合(わりあい)が大きくちがうんだね。

問い1　沿岸漁業・沖合漁業・遠洋漁業・養しょく業は，右の資料1のA〜Dのうち，それぞれどれにあたりますか。

上の会話1をもとにあてはまる記号を答えてください。

資料1　日本の漁業・養しょく業生産量の推移

（農林水産省「漁業・養殖(ようしょくぎょう)業生産統計」をもとに作成）

次に，まことさんとさくらさんは，現在の世界の漁業の現状と課題について，資料2，3をもとに話し合いました。

資料2　世界の国別漁かく量の推移

※EU…ヨーロッパの政治や経済における国家共同体

資料3　日本の主な水産物輸入相手国及び地域

平成28年
(2016)
1兆5979億円

中国 18.0%
アメリカ 8.5%
チリ 7.5%
ロシア 7.0%
タイ 6.6%
ノルウェー 6.6%
ベトナム 6.0%
韓(かん)国 5.2%
インドネシア 5.2%
その他 29.4%

（FAO及び農林水産省「漁業・養殖業生産統計」に基づき水産庁で作成）

作文用紙

受検番号 ☐

氏　名 ☐

問い一

「じぶん」とは、

「みんな」とは、

（配点非公表）　※計 ☐

問い二

○題や氏名を入れずに一行目から書いてください。

※一 ☐

（注意）※印のところは記入しないこと

カ		g	

課題2

問い1	ア		イ	
問い2	ウ		エ	

※ 課題2

問い2	理由	
問い3		

課題4

問い1	①		②		③		④	
問い2								
問い3								

※ 課題4

課題6

問い1	①		②		※ 課題6
問い2		→ → →			
問い3	方向				
	理由				
問い4	ア				
	イ				

		E	F

問い3	・・・・・・ ・・・・・・ ・・・・・・ ・・・・・・ ・・・・・・ ・・・・・・	＜理由＞

課題2

問い1	ア	○　○　○　○	問い2	月	日
問い3	イ	通り	ウ	通り	エ	通り
問い4	オ	通り				
	＜理由＞				

※　課題2

問い3	カード	さん		さん	
	理 由				

課題 4

	沿 岸 漁 業		沖 合 漁 業		※ 課題4
問い1					
	遠 洋 漁 業		養 し ょ く 業		
問い2					
問い3	ア				
	イ				

問い3	
問い4	

課題 6

問い1		※　課題6
問い2		
問い3	方法	
	結果	

受 検 番 号		氏　名		【3枚目】

○　　　　　　　　　　　　　○

令和3年度

宮 崎 県 立 五 ヶ 瀬 中 等 教 育 学 校

宮 崎 県 立 宮 崎 西 高 等 学 校 附 属 中 学 校

宮 崎 県 立 都 城 泉 ヶ 丘 高 等 学 校 附 属 中 学 校

適 性 検 査 I　　第 2 部　　解 答 用 紙

(注意)　※印のところは
記入しないこと

※ 計	

課題 5

問い1		※　課題5
問い2		

【解答

受 検 番 号		氏　　名	

○　　　　　　　　　　　　　　　　○

令和３年度

宮 崎 県 立 五 ヶ 瀬 中 等 教 育 学 校
宮 崎 県 立 宮 崎 西 高 等 学 校 附 属 中 学 校
宮 崎 県 立 都 城 泉 ヶ 丘 高 等 学 校 附 属 中 学 校
適 性 検 査 Ⅰ　　第 ２ 部　　解 答 用 紙

（注意）　※印のところは
　　　　　記入しないこと

※ 計	

課題３

問い1		
問い2	選んだカード	
	理　由	

※　課題3

受検番号		氏　名	

○　　　　　　　　　　　　　　　　　○

令和3年度

宮 崎 県 立 五 ヶ 瀬 中 等 教 育 学 校
宮 崎 県 立 宮 崎 西 高 等 学 校 附 属 中 学 校
宮 崎 県 立 都 城 泉 ヶ 丘 高 等 学 校 附 属 中 学 校

適 性 検 査 Ⅰ　　第 2 部　　解 答 用 紙

（注意）　※印のところは
記入しないこと

（配点非公表）

※計	

課 題 1

問い1	通り
	<理由>

※ 課題1

D　　　・

G

【解答

受検番号		氏　名	

○　　　　　　　　　　　　　　　　　　○

令和3年度

宮 崎 県 立 五 ヶ 瀬 中 等 教 育 学 校
宮 崎 県 立 宮 崎 西 高 等 学 校 附 属 中 学 校
宮 崎 県 立 都 城 泉 ヶ 丘 高 等 学 校 附 属 中 学 校
適 性 検 査 Ⅰ　　第 1 部　　解 答 用 紙

（注意）　※印のところは
記入しないこと

※ 計	

課題5

問い1		
問い2	①	②
	③	

※　課題5	

【解答

| 受検番号 | | 氏　名 | | 【2枚目】 |

○　　　　　　　　　　　　　　　　　○

令和３年度

宮 崎 県 立 五 ヶ 瀬 中 等 教 育 学 校
宮 崎 県 立 宮 崎 西 高 等 学 校 附 属 中 学 校
宮 崎 県 立 都 城 泉 ヶ 丘 高 等 学 校 附 属 中 学 校

適性検査Ⅰ　第１部　解答用紙

（注意）　※印のところは
記入しないこと

| ※ 計 | |

課題 3

| ※ 課題3 | |

問い1

正しくはかることができている　　・　　正しくはかることができていない

受 検 番 号		氏 　 名		【1枚目】

○　　　　　　　　　　　　　　○

令和３年度

宮 崎 県 立 五 ヶ 瀬 中 等 教 育 学 校
宮 崎 県 立 宮 崎 西 高 等 学 校 附 属 中 学 校
宮 崎 県 立 都 城 泉 ヶ 丘 高 等 学 校 附 属 中 学 校

適 性 検 査 Ⅰ 　 第 １ 部 　 解 答 用 紙

（注意）　※印のところは
　　　　　記入しないこと

（配点非公表）

※ 計	

課題 1

問い1	ア	重い　　・　　軽い		
問い2	イ		g	ウ

※　課題1

cm

【解答

※
二

【解答

まこと： 資料2 をみると，平成２８年における世界全体の漁かく量は，約９０００万トンで，これは，昭和３５年の約２.５倍にあたる量だね。

さくら： ここ２０〜３０年くらいで見てみると，日本やアメリカ，ＥＵなどの漁かく量はあまり変わっていないのに，なぜ世界全体の漁かく量は増えているのかな。

まこと： それは，近年，中国をはじめ，インドネシア，ベトナムなどで漁かく量が増えているからだよ。

さくら： 資料3 を見ると，日本はこれらの国から ☐ ことが分かるね。

まこと： 世界で漁かく量が増えている現状と日本も関わりがあったということだね。
世界で漁かく量がこのまま増えていくと，いつか魚が食べられなくなってしまうのではないかな。

問い2 資料3 をもとに，会話2 の ☐ にあてはまる内容を答えてください。

問い3 さくらさんは，あるお店で 資料4 のラベルの付いた商品を見かけて興味をもち，さらに調べていく中で，資料5 を見つけました。資料4，5 をもとに さくらさんが 考えたこと の ア ， イ にあてはまる内容を答えてください。

資料4 海のエコラベルの付いた商品

「海のエコラベル」とは

漁業者の中には，とってよい魚の量や大きさ，時期などを定めたり，他の生物がかかりにくい漁具を使ったりするなどきびしい制限の中で漁業に取り組んでいる方々もいます。

海のエコラベルは，こういった水産資源や海洋環境を守ってとった水産物に与えられる証です。

資料5 エネルギー資源と水産資源の特性の比較

石油・石炭などのエネルギー資源
ほり出せる量は決まっており，ほり出せばその分だけ減少
※るい積消費量

水産資源
適切な量の漁かくを行えば，自然に増えて成長し増加
るい積消費量

※るい積消費量…消費した分を加えていったもの

(WWFジャパン「海のエコラベル「MSC認証」について」より作成)

さくらさんが考えたこと

私たちが，資料4 の「海のエコラベル」の付いた商品を選べば，きびしい制限の中で漁業に取り組んでいる方々を支えることにつながったり，資料5 から，ほり出せる量に ア 石油や石炭などのエネルギー資源とはちがい，水産資源を イ が可能になったりすると思います。

課題5

　てつおさんは，金属に興味をもち，金属の性質や身のまわりの金属でできているものについて調べました。

問い1　てつおさんは，まず，金属をあたためたときに起こる長さの変化について調べたいと考え，次の 実験 を行い，結果を 表 にまとめました。 表 から，調べた4種類の金属をくらべたときにどのようなことが分かるか，説明してください。

実験

　① 長さが1000mm で同じ太さの4種類の金属線（アルミニウム，タングステン，鉄，銅）を用意した。
　② それぞれの金属線について，全体を同じ条件であたため，あたためた後の長さをはかった。
　③ それぞれの金属について②を3回行い，平均の長さを求めて 表 にまとめた。

表

金属名	あたためた後の長さ （mm）
アルミニウム	1000.9
※タングステン	1000.2
鉄	1000.5
銅	1000.7

※タングステン…魚つりのおもりや，電球に使われている金属

　てつおさんが金属について調べていると，バイメタルについての記事を見つけました。次の会話は，そのことについて，先生と話をしているときの様子です。

会話1

てつお：　金属の性質を利用したバイメタルというものがあることを知りました。
先　生：　バイメタルは， 図1 のように，温度により長さや体積が変化しにくい金属Aと，長さや体積が変化しやすい金属Bをはり合わせたものですね。バイメタル全体をあたためると，金属Aと金属Bは長さや体積の変化のしかたがちがうため，くっついたままバイメタル全体が曲がります。

図1

問い2　図1 のバイメタル全体をあたためたとき，バイメタルはどのように曲がりますか。次のア～エから1つ選び，記号で答えてください。

てつお：　バイメタルは，電気こたつに利用されているそうですね。

先　生：　そうなんですよ。図2は，電気こたつに利用されているバイメタルのはたらきが分かるよう，※サーモスタットを模式図にしたものです。電流を通す部品①と部品②，そしてバイメタルが，電流を通さない物体に固定されています。今，部品①と部品②は接点でふれていてここを電流が通りますが，バイメタルのはたらきで離れることもできます。

※サーモスタット…温度に応じて回路に電流が流れたり，流れなくなったりすることで，温度を自動的に調節するしくみ

問い3　図2のサーモスタットでは，バイメタルはどのようなはたらきをしますか。次の文の に入る内容を，図2の言葉を使って答えてください。ただし，図2の言葉のうち，**接点**，**ヒーター**，**バイメタル**の3つの言葉を必ず使って答えてください。

図2

こたつの中の温度が上がると，

その結果，温度は下がるので，こたつの中の温度が上がりすぎるのを防げます。

会話3

先　生：　他にも，図3のように，うずまき状に巻いたバイメタルが使われている温度計があります。図4は，図3を模式図にしたものです。温度が上がり，バイメタルがあたためられると，針は図4の矢印の方向に動きます。

てつお：　バイメタルは，いろいろなものに使われているのですね。

問い4　温度が上がったとき，針が図4の矢印の方向に動くためには，うずまき状のバイメタルの内側と外側のどちらを図1の金属Aにすればよいか，答えてください。

図3　　　　図4

あゆみさんのクラスでは，学校の近くで野外観察を行うことになり，あゆみさんの班は，ひなた川について調べることにしました。まず，ひなた川の**ア～カ**の場所について，魚がつれるかどうかを調べ，図1，表1のように記録しました。次に，川の流れる速さを調べるために下のような実験を行いました。

図1

たきのような1m
ほどの落差がある

流れる
方向

表1
魚がつれた場所
ア　エ　カ
魚がつれなかった場所
イ　ウ　オ

実験
① 水を少し入れて重くしたペットボトルを用意した。
② ①にロープをつなぎ，**ア**の場所に投げ入れて3秒かぞえ，この間にペットボトルが流れた距離(きょり)をはかった。これを3回行い平均の速さを求めた。
③ **イ～カ**の場所についても②と同様に行い，結果を表2にまとめた。
④ ひなた川の様子について，気づいたことを記録した。

表2

場所	速さ（※cm/秒）	場所	速さ（cm/秒）
ア	73	エ	67
イ	28	オ	31
ウ	37	カ	33

※cm/秒…1秒間に進む距離（cm）を表す速さの単位

【気づいたこと】
　アの場所は，川の水が川岸にはげしく当たっていた。**カ**の場所は，流れに落差があるためか，川底がけずられて深かった。

あゆみさんは理科で学習したことをいかして，実験の結果から，**ア～オ**の場所について川の流れの速さと川の深さの関係を次のように予想しました。

予想

　　川の流れが速いところほど，川の底がけずられて，川の深さは深くなっているだろう。

問い1　あゆみさんの予想が正しいならば，図1の『**ア～オ**』の中で，3番目に深い場所はどこだと考えられますか，1つ選び記号で答えてください。ただし，川底の条件はどこも同じであるとします。

次の会話は，野外観察について先生とあゆみさんが話をしている様子です。

| 会話1 |

あゆみ： 実際には，**ア〜オ**の川の深さはどうなっているのでしょうか。

先　生： この川の深さを調べたデータがあります。**ア〜オ**の川の深さについては，あゆみさんの 予想 のとおりでしたよ。

あゆみ： では，ひなた川では，魚がつれる場所は川の流れが速くて深い場所だと言えますね。

先　生： 本当にそうですか。記録や実験結果について，見落としているデータはないか，もう一度よく見て考えましょう。

問い2　下線部について，あゆみさんの考えは正しいと言えません。正しいと言えない理由を答えてください。

　さらに，あゆみさんは，川の付近の石を観察すると，丸みのある石がほとんどでした。

| 会話2 |

あゆみ： 川の流れのはたらきによって，石が丸くなるのですよね。

先　生： そうです。学習したとおりです。

あゆみ： 本当にそうなるのでしょうか。確かめたいです。

先　生： そう思うことは大切だね。では，どうしたら確かめられるかな。

あゆみ： 「石が水に運ばれている間に，まわりの石や岩とぶつかり合ってけずられた」という予想をたてて，実験を考えてみます。

先　生： ホームセンターに売っていた，次のものを使って実験すると確かめられるはずだよ。

問い3　水と次の2つのものを使って，予想を確かめるには，どのような方法があるでしょうか。また，どのような結果になれば，その予想が正しかったと言えるでしょうか。その方法と結果を説明してください。ただし，ガラスびんは割れないものとします。

| ふた付きのがんじょうなガラスびん　　　数個の角ばった直径2cmの石 |

平成三十一年度

宮崎県立五ヶ瀬中等教育学校

「作文」

午前九時三十分〜午前十時十分（四十分）

（注意）

一　指示があるまで、表紙（この用紙）以外のところを見てはいけません。

二　検査用紙は、表紙一枚、課題用紙二枚、作文用紙一枚の計四枚です。

三　「始めなさい」の指示があったら、まず受検番号と氏名を、作文用紙の決められたらんに書きなさい。

四　声に出して読んではいけません。

五　印刷がはっきりしなかったり、課題用紙や作文用紙が足りなかったりした場合は、だまって手をあげなさい。

六　課題の内容などについての質問には答えられません。

七　「やめなさい」の指示があったら、すぐえんぴつを置き、表紙（この用紙）を上にして机の上に置きなさい。

次の文章を読んで、後の問いに答えてください。

※がついている言葉は、後に説明があります。

この本の原稿を書いているときに、ちょっとおもしろい新聞記事を目にしました。

〈小1「将来就きたい職業」会社員が初圏外〉という記事です。

ランドセルのメーカーが毎年実施している調査だそうですが、一〜五位は男の子が「スポーツ選手」「警察官」「運転士・運転手」「消防・レスキュー隊」「TV・アニメキャラ」、女の子が「ケーキ屋・パン屋」「芸能人・歌手・モデル」「花屋」「教員」「保育士」となっていました。男の子で「会社員」と答えたのは、わずか〇・七パーセント（二四位）。この調査結果を見ると、小学生たちは純粋な気持ちで未来を描けているんだなという気がしてきます。

ちなみに親が子どもに「就かせたい職業」というランキングもあって、ここでは男の子の一位に「公務員」、五位に「会社員」が入っています。でも、通勤ラッシュでクタクタになって帰ってくる父親の姿を見ていたら、子どもたちは憧れる気にはならないのでしょう。

自分で決めていい未来ですから、自分の素直な気持ちを曲げる必要はないと思います。しかし、朝から晩まで※ドラクエをやり続けて生きてはいけない。やりたいことを見つけるときの基準は一つではありません。

僕が学生たちによく話すのは、三つの輪が必要だということです。

第一に、「私たちがやりたいこと」。好きなことや、楽しいと感じることがまずは大事になります。第二に、「私たちができること」を考える。得意なことや、それまで培ってきたものを活かせる〝自分らしさ〟が大事になってきますが、この二つだけでは趣味や※娯楽になってしまうこともある。また、やりたいことを、できる範囲でやっているだけでは、長続きはしないかもしれない。そこで、第三に「地域が求めていること」という要素が必要になってきます。

この三つの輪を合わせたとき、重なる部分にあることなら、「社会との関わりの中で持続可能なあなたらしい仕事」になりえるはずです。これは僕がプロジェクトやボランティア活動を企画するときの指標なのですが、人の〝働き方〟にも当てはめることができると考えています。

白状すると、この指標は僕のオリジナルではありません。三つの輪づくりの分野では古くからいわれてきたことですし、さらに古い時代に目を向ければ、多くの成功者を※輩出してきた近江商人（いまの滋賀県に拠点を置いて全国に特産品を売り歩いた行商人）には「売り手よし、買い手よし、世間よし」という理念がありました。言ってみれば、日本に昔からあった働き方の知恵でもあるのです。

働き方については、第二次大戦中にドイツからアメリカに※亡命したハンナ・アレントという思想家も、『人間の条件』という著書の中で別の角度から三つの指標を提示しています。僕なりに大雑把に説明すれば、「労働」は生産のために他者から強いられるもの、「仕事」は将来に残る生産物をつくること、「活動」は自発的に行うことで外部に影響を及ぼすこと。

（『ふるさとを元気にする仕事』ちくまプリマー新書　山崎亮）

※ドラクエ……TVゲーム「ドラゴンクエスト」の名前を省略したよび方のこと。
※娯楽……仕事や勉強などのあいまにする遊びや楽しみのこと。
※輩出……人を続けて多く出すこと。
※亡命……政治や宗教上の理由で、自分の国を脱出して他国へのがれること。

問い一　次の図は、筆者の考えをもとに、五ヶ瀬中等教育学校のある生徒が、「未来を描く3つの輪」として表したものです。図の中の（　①　）と（　②　）には、どのような言葉が入るでしょうか。本文中から探して書いてください。

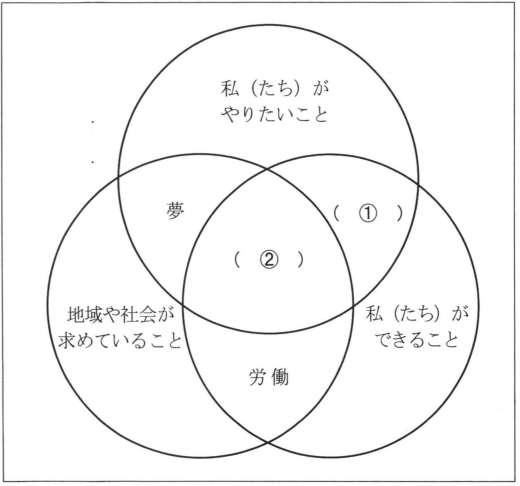

私（たち）が
やりたいこと

夢

（　①　）

（　②　）

地域や社会が
求めていること

私（たち）が
できること

労　働

図　未来を描く3つの輪

問い二　あなたは社会に出てから、どんなことをしたいと考えていますか。問い一の図に示された「私（たち）がやりたいこと」「私（たち）ができること」「地域や社会が求めていること」の三つの要素のすべてをふまえて、三百字以上、四百字以内で書いてください。

受検番号	
氏　名	

平成３１年度

宮崎県立五ヶ瀬中等教育学校

適 性 検 査 Ⅰ

【 第 １ 部 】

１０：３０〜１１：１０（４０分）

（ 注 意 ）

1　指示があるまで，この表紙以外のところを見てはいけません。

2　検査用紙は，表紙をのぞいて７ページで，課題は全部で３題です。

3　解答用紙は２枚です。

4　「始めなさい」の指示があったら，まず検査用紙と２枚の解答用紙に受検番号と氏名を書きなさい。

5　検査用紙のページ数がまちがっていたり，解答用紙の枚数が足りなかったり，また，文字や図がはっきりしなかったりする場合は，だまって手をあげなさい。

6　課題の内容や答えなどについての質問には，答えられません。

7　「やめなさい」の指示があったら，すぐえんぴつを置き，解答用紙を２枚ともうら返して机の上に置きなさい。

＃教英出版 編集部 注
編集の都合上、解答用紙は表裏１枚にまとめてあります。

課題1

　かずきさんは，学級で「店」について学習した後，さらに調べ，レポートにまとめてみることにしました。

かずきさんがまとめたレポート

■ 調べたこと

◆ 「店」の条件には，以下の2つがある。
　① 製品（商品）の売上げをのばし，利益（りえき）を増やすことを目的としている。
　② 製品（商品）を消費者に販売（はんばい）するところである。
　　ただし，店舗（てんぽ）（商品を売るための建物）や製品（商品）には，以下のような場合もある。
　・店舗では直接，人が販売しない場合もある。
　・店舗では販売しない場合もある。
　・製品（商品）には，モノだけではなく技術やサービスもふくまれる場合もある。

■ 考えたこと

①，②の条件をどちらも満（み）たした場合，「店」とよぶことができる。

問い1　かずきさんがまとめたレポートを参考にして，下の**ア～カ**の中から，かずきさんが考えた「店」にあてはまらないものを，すべて選んで記号で答えてください。

　　ア　クレープ販売車　　　**イ**　市立図書館　　　　　**ウ**　ガソリンスタンド
　　エ　自動販売機　　　　　**オ**　インターネットショップ　　**カ**　消防署（しょ）

　次にかずきさんは，最近，家の周辺でコンビニエンスストアが増えていることに興味をもち，近くのコンビニエンスストアの店長さんに話を聞くことにしました。

かずきさんと店長さんの会話

かずき：　この場所に開店した理由は何ですか。
店　長：　少しでも多くのお客さんに来店してもらうために，特に，車で寄りやすい場所を選んだんだよ。
かずき：　なるほど。ぼくはまだ車の運転ができないので分からないのですが，運転をしている人が寄りやすい場所はあるのですか。
店　長：　大きく2つあるよ。1つは，基本的に車は左側通行だから，右側（ちゅう）よりも左側にある店の方が寄りやすいよね。それからもう1つ。駐車場（しゃじょう）から車が出やすいということも大事なポイントなんだよ。信号が赤に変わって通行量が少なくなったときに，出やすいところがいいね。こんなことを考えて，わたしの店は開店したんだよ。
かずき：　今日はどうもありがとうございました。おかげでこのコンビニエンスストアが，なぜ□□□に開店したのかがよく分かりました。

問い２　資料１のA～Fの中に，かずきさんが訪れたコンビニエンスストアがあります。**かずきさんと店長さんの会話**と**資料１**に書かれた内容をもとに，会話中の□印に最もあてはまる立地場所を，A～Fから１つ選んで記号で答えてください。また，選んだ理由も書いてください。なお，**資料１**の矢印の向きは，車の進行方向を示しています。

資料１　コンビニエンスストアの立地場所

1日の車の交通量	
→	3000台
→	2000台
→	1000台

■ 車の出入口

問い３　コンビニエンスストアに興味をもったかずきさんは，コンビニエンスストアが今後，利用者を増やすために，どのようなサービスを行えばよいか，まとめました。**かずきさんのまとめ**の□にあてはまる言葉を，**資料２**と**資料３**をもとにして，答えてください。

かずきさんのまとめ

　コンビニエンスストアが今後，利用者を増やすためには，いろいろな方法があると思いますが，**資料２**と**資料３**をもとに考えると，□などのサービスを行う方法が考えられます。
　この方法は，利用者を増やすだけでなく，高齢者の見守り活動にもつながるため，これからの日本にとってもよいことだと思います。

資料２
コンビニエンスストアの商品配達用車両

（出典：毎日新聞ニュースサイト）
＜2017年4月21日＞

資料３　これまでの一人暮らしの高齢者の人数と今後の予想

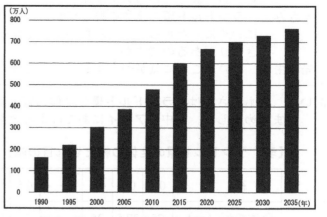

（出典：平成28年版高齢社会白書より作成）

　ともみさんが通う病院では，視力検査を行うとき視力を2.0，1.5，1.2，…のように表していましたが，学校では，視力をA，B，C，Dのように表していました。そこで，ともみさんは，検査で使用した**視力検査表（図1）**に興味をもち，先生と話をしています。

【図1　視力検査表】

一番上の段のランドルト環

全体の幅

切れ目の幅

【図2　ランドルト環】

会話1

ともみ：	視力検査表に「**C**」の記号がいっぱい並んでいますね。
先　生：	この「**C**」の記号は，**ランドルト環**といって，フランスの眼科医のランドルトさんが，視力を判定するために作った図形です。この**視力検査表**は，5 m離れたところから測ることになっています。
ともみ：	学校では，視力をA，B，C，Dで表しているのに，病院では1.5などの小数で表しています。どんな仕組みになっているのですか。
先　生：	**視力検査表**のように，1.0，0.7，0.3で区切って，その範囲をA，B，C，Dで表しているのですよ。
ともみ：	**ランドルト環**の全体の幅と切れ目の幅（**図2**）は，**視力検査表**の上から下にいくにしたがって，だんだん小さくなっていますね。この切れ目の幅には，きまりがあるのですか。
先　生：	よいところに気がつきましたね。では，実際に幅を測ってみましょう。

問い1　ともみさんは，ランドルト環の全体の幅と切れ目の幅（図2）を測り，下の表にまとめました。表中の**ア，イ**にあてはまる数を答えてください。

【表　ランドルト環の全体の幅と切れ目の幅】

視　力	0.1	0.2	0.3	・・・	0.5	0.6	・・・	1.0	・・・	1.5	・・・
全体の幅（mm）	75	37.5	25	・・・	ア	12.5	・・・	7.5	・・・	5	・・・
切れ目の幅（mm）	15	7.5	5	・・・	3	2.5	・・・	1.5	・・・	イ	・・・

会話3

かずみ： 実験から，塩化カルシウムが雪を溶かすはたらきがあるのは分かりましたが，食塩と尿素が雪を溶かす理由が分かりません。

先　生： それでは，もうひとつ実験をしてみよう。塩化カルシウム，食塩，尿素をそれぞれ水に溶かしたものを冷凍庫に入れて，明日観察しよう。

１日経過後

かずみ： あっ，３つともこおっていない。冷凍庫の温度は－１０℃以下なので，水は，こおるはずですよね。

先　生： そうだね。この３つの物質は，水をこおりにくくするはたらきがあるんだよ。

かずみ： 水に溶けて温度変化をすることや，こおりにくくするはたらきで，雪が溶けていくのですね。

先　生： その通りです。塩化カルシウムと食塩を実際に雪にまいた実験結果があるよ。このグラフです（図５）。

図５　１ｋｇの塩化カルシウムや食塩で溶かすことのできる雪の量とその時間変化（気温が－１２℃のとき）

（出典：「2005除雪・防雪ハンドブック」より作成）

問い３　雪を溶かすということについて，６時間の実験において，食塩と比べた【塩化カルシウムの特ちょう】を，図５から読みとり，下の表のようにまとめました。下の表の（　ア　）～（　ウ　）にあてはまる言葉を書いてください。

【塩化カルシウムの特ちょう】

雪を溶かす量	（　ア　）
雪を溶かす効果が現れるはやさ	（　イ　）
雪を溶かす効果が続く時間	（　ウ　）

会話2

ともみ： 先生の視力はいくらですか。

先　生： めがねを外すと0.01ですよ。

ともみ： 先生，０.０１のランドルト環は，視力検査表にはないですよね。０.０１のランドルト環ってどのくらいの大きさになるのかな。

先　生： ともみさんが測ってくれた表をみると，「視力」と「全体の幅」や「切れ目の幅」には，何かきまりがありそうですよね。

ともみ： 分かりました。視力0.01のランドルト環の全体の幅は（　ウ　）㎜になりますね。

先　生： よく求めることができましたね。

問い２　（　ウ　）にあてはまる数を，答えてください。また，解答用紙の＜説明＞のらんに，言葉や式を使って，どのように求めたのかかいてください。

会話3

ともみ： 学校での視力検査ではＡだったのですが，もっと細かな視力を測ることはできないのですか。

先　生： 視力検査表では，下になるほどランドルト環の全体の幅や切れ目の幅（図２）の差が小さくなっています。Ａの範囲は一番下になるので，細かな視力を調べることも難しくなります。
　　　　ただし，基本となる考え方を使えば，計算することはできますよ。

【基本となる考え方】
・　一番上の段のランドルト環（図１）の切れ目が，５ｍ離れたところから見えると，視力は０.１となります。
・　一番上の段のランドルト環（図１）の切れ目が，１０ｍ離れたところから見えると，視力は０.２となります。

ともみ： ということは，この同じランドルト環（図１）の切れ目が１５ｍ離れたところから見えたら，視力は０.３ということですね。

先　生： そのとおりです。

ともみ： 視力検査にも，いろいろなきまりがあるのですね。

問い３　視力検査表で一番上の段のランドルト環（図１）の切れ目が，視力検査表から７０ｍ離れた地点まで見えたとします。このとき，基本となる考え方をもとにすると，視力はいくらと考えられるか答えてください。ただし，視力検査に影響する光の強さや体調などは考えないものとします。

課題3

1月のある日の朝，かずみさんは外に積もった雪を見て，ある疑問をもちました。

会話1

> かずみ： あれ，あそこだけ雪が積もっていないよ（図1）。
>
> 父 ： そうだね。マンホールのふた（図2）の上だけ雪が溶けているね。マンホールの下は配水管などが通っていて，外気より温度が高いんだよ。
>
> かずみ： それなら，あのマンホールの横にあった，別のマンホールのふたの上の雪が溶けていないのはなぜだろう。
>
> 父 ： ヒントをあげようか。雪が溶けているマンホールのふたはおもに鉄でできていて，雪が溶けていないマンホールのふたは，おもにプラスチックでできているからだよ。どうしてそうなるのか，調べてみたら。

図1 マンホール周辺のようす

図2 鉄でできたマンホールのふた（左）と
プラスチックでできたマンホールのふた（右）

かずみさんは，鉄とプラスチックの熱の伝わりやすさにちがいがあると考え，実験で確かめてみたいと思いました。

問い1 かずみさんは，鉄とプラスチックについて，熱の伝わりやすさのちがいを比べるために，実験をすることにしました。次の中から，この実験に必要ではないものが1つだけあります。下の**ア～オ**から1つ選び，記号で答えてください。

> ア 携帯用使い捨てカイロ
> イ 厚さ0.5cm，縦5cm，横5cmのプラスチックの板
> ウ 厚さ0.5cm，縦5cm，横5cmの鉄の板
> エ 厚さ1cm，縦5cm，横5cmの鉄の板
> オ 同じ量の雪

かずみさんは登校中に，塩化カルシウム（図3）という白い粒状のものを雪の積もっている道路にまいている作業員さんを見ました。

会話2

> かずみ： 先生，登校中に雪の上に塩化カルシウムをまいている作業員さんを見たのですが，なぜ塩化カルシウムをまくのですか。
>
> 先生 ： 雪の日に道路がこおって事故をおこさないように塩化カルシウムをまくんだよ。他にも食塩や尿素という物質をまくこともあるんだ。
>
> かずみ： 塩化カルシウムや食塩，尿素を雪の上にまいたら，どのようなことが起こるのですか。
>
> 先生 ： そうだね，塩化カルシウムと食塩，尿素を水に溶かすとその効果が分かるかもしれないね。放課後に，実験してみようか。

図3 塩化カルシウム

※尿素・・・肥料にも用いられる白い粒状のもの

放課後，理科室で，かずみさんと先生は，塩化カルシウムと食塩，尿素の性質を調べるため，**実験**を行い，**結果**をまとめました。

【実験】

① 図4のように，鉄製のコップに塩化カルシウム20gを入れ，水60mLを加えてかき混ぜる。
② すぐにラップでふたをして，温度を測る。
③ 1分ごとに温度を測って，記録する。
④ 食塩20g，尿素20gについても，同じように実験する。

図4 温度変化を調べる実験のようす

【結果】 水を加えて溶かしたときの温度変化

		0分	1分	2分	3分	4分	5分
コップの外	（℃）	22	22	22	22	22	22
塩化カルシウムに水を加えたとき	（℃）	22	41	40	39	38	37
食塩に水を加えたとき	（℃）	22	19	19	19	19	19
尿素に水を加えたとき	（℃）	22	5	6	6	7	7

問い2 尿素に水を加えたときには，鉄製のコップの外側を見ると白くくもりました。白くくもった理由を書いてください。

受検番号	
氏　名	

平成３１年度

宮崎県立五ヶ瀬中等教育学校

適 性 検 査 Ⅰ

【 第 ２ 部 】

１１：３０〜１２：１０（４０分）

（ 注 意 ）

1　指示があるまで，この表紙以外のところを見てはいけません。

2　検査用紙は，表紙をのぞいて８ページで，課題は全部で３題です。

3　解答用紙は２枚です。

4　「始めなさい」の指示があったら，まず検査用紙と２枚の解答用紙に受検番号と氏名を書きなさい。

5　検査用紙のページ数がまちがっていたり，解答用紙の枚数が足りなかったり，また，文字や図がはっきりしなかったりする場合は，だまって手をあげなさい。

6　課題の内容や答えなどについての質問には，答えられません。

7　「やめなさい」の指示があったら，すぐえんぴつを置き，解答用紙を２枚ともうら返して机の上に置きなさい。

＃教英出版 編集部 注
編集の都合上、解答用紙は表裏１枚にまとめてあります。

　たかしさんは，植物の観察をしているときに，同じ種類なのに，他に比べて花びらの枚数がたくさんある花を見つけました。たかしさんは，同じ種類の花なのに，なぜ花びらの枚数にちがいがあるのか疑問に思い，その理由を先生に聞いてみました。そのときの会話文を読んで，下の問いに答えてください。

たかし：　先生，次の**図1**，**図2**の２つの花には，花びらの枚数にちがいがあります。どうしてですか。

図1　花びらの枚数が４枚の花

図2　花びらの枚数がたくさんの花

先　生：　花びらの枚数がたくさんあるものを「八重咲きの花」といいます。おしべができるところに，花びらができているなどの特ちょうがあります。まず花のつくりについて考えてみましょう。植物の各部分には，がく，花びら，おしべ，めしべというなまえがついています。植物によって，各部分の色や形，数などはさまざまですが，花のつくりは共通しています。花のつくりはどのようになっているか分かりますか。

たかし：　花のつくりは，外側から，がく，花びら，おしべ，めしべの順のつくりになっています。

先　生：　そうですね。**図3**は花のつくりを上から見て，分かりやすく表しています。

図3　花のつくり

がく
花びら
おしべ
めしべ

たかし：　花の各部分の配置や数がよく分かります。

先　生：　がく，花びら，おしべ，めしべの各部分ができるには，そのもとになるものが関係しているのです。そのもとになるものを遺伝子といいます。

たかし：　遺伝子という言葉は聞いたことがあります。

先　生：　花のつくりに関係する遺伝子は，Ａ，Ｂ，Ｃの３つがあります。それぞれのはたらきは，次の【遺伝子Ａ，Ｂ，Ｃのはたらき】のとおりです。

【遺伝子Ａ，Ｂ，Ｃのはたらき】

> がく・・・Ａ，Ｂ，Ｃのうち，Ａの１つのはたらきでできる。
> 花びら・・・Ａ，Ｂ，Ｃのうち，ＡとＢの２つのはたらきでできる。
> おしべ・・・Ａ，Ｂ，Ｃのうち，ＢとＣの２つのはたらきでできる。
> めしべ・・・Ａ，Ｂ，Ｃのうち，Ｃの１つのはたらきでできる。

先　生：　【遺伝子Ａ，Ｂ，Ｃのはたらき】をもとに図４のように表すと，花の各部分にどの遺伝子がはたらいているかが分かりやすくなります。

たかし：　花びらがＡとＢの２つの遺伝子のはたらきでできることや，おしべがＢとＣのはたらきでできることから，**ア，イ，ウ**，それぞれに入る遺伝子が分かりました。

図４　遺伝子のはたらきを加えた図

問い１　図４の**ア〜ウ**には，どの遺伝子が入るでしょうか。Ａ，Ｂ，Ｃからそれぞれ１つずつ選び，記号で答えてください。

先　生：　それでは**図４**をもとに考えたとき，もし<u>Ｂの遺伝子がはたらかなかったら</u>，どのような花のつくりになるか分かりますか。

たかし：　例えば，花びらはＡとＢの２つの遺伝子のはたらきでできていたのに，Ｂがはたらかず，Ａだけはたらくということですね。

先　生：　そうです。すると，花のつくりはどうなるかな。

問い２　下線部の「Ｂの遺伝子がはたらかなかった」場合，花のつくりはどうなりますか。花の各部分のなまえを使って，花のつくりを説明してください。

先　生：　それでは，「八重咲きの花」ができる仕組みも説明できますね。

たかし：　分かりました。少し考えて，まとめてみます。

問い３　花の各部分のなまえやＡ，Ｂ，Ｃのはたらきを使って，「八重咲きの花」ができる仕組みを説明してください。

しょうこさんのクラスでは，社会科の授業のはじめに，新聞記事の紹介をしています。しょうこさんが，紹介する記事をさがしていると，次のような記事を見つけました。

しょうこさんが見つけた新聞記事（２０１８年５月２５日付け）

新たに１３ストーリー（物語）を日本遺産に認定！

2018年5月24日，文化庁は各地の文化財を地域活性化に役立てる「日本遺産」に，宮崎県の「古代人の※モニュメント－台地に絵を描く　南国宮崎の古墳景観－」（写真Ⅰ）をふくむ全国13件を認定したと公表した。

2015年からはじまった日本遺産は，一つ一つの文化財に注目して選ぶのではなく，地域の中にあるいくつもの文化財を組み合わせて，その地域の歴史や文化の魅力をストーリー（物語）として，ほかの地域の人や海外の人に伝えることができるものを認定している。

写真Ⅰ：西都原古墳群
（出典：宮崎日日新聞ホームページ
より作成）　　＜2018年＞

また今回，2017年に日本遺産に認定された「荒波を越えた男たちの夢が紡いだ異空間～※北前船※寄港地・※船主集落～」（写真Ⅱ）に富山市などの市町村が新たに追加された。

※　モニュメント…記念建造物。記念碑。遺跡。
※　北前船…江戸時代に，北海道と大阪を，日本海回りで航海していた大型の商船。途中，各地の港を訪れ，商品を売り買いしながら移動した。
※　寄港地…目的地に向かう途中に立ち寄る場所。
※　船主集落…船のもち主が住んだ場所。

写真Ⅱ：北前船
（出典：北前船日本遺産推進協議会
ホームページより作成）
＜2018年＞

しょうこさんは，この新聞記事を紹介しようと思い，発表の準備を進めていると，日本の歴史についてまとめた，次のようなカードを見つけました。

見つけたカード

ア　各地に大きな力をもつ豪族が出現し，やがて大和朝廷により国土が統一された。	イ　大仏がつくられるなど，天皇を中心とする政治が，都だけでなく全国におよんだ。
ウ　武士が力をつけ，朝廷や貴族の対立の中で力をのばしていった。	エ　狩猟や採集の生活が営まれており，表面に縄目の文様がついた土器が使われていた。

会話3

あきら：　お父さん。犬小屋を置く場所はどうしようか。

父　：　杭の近くがいいからここに置くことにしよう。犬小屋は１辺が１ｍの立方体の形をしているんだけど，屋根に犬が上がることはできないよ。犬小屋の出入口は杭にくっつけて，上から見たときの犬小屋の出入口側の壁とロープでつくる角が，直角になるようにしよう。ロープの長さは５ｍ，リードの長さは２ｍだ。これだと犬が動くことのできる範囲の面積も，さっきと変わってくるね。

【犬小屋を置き，上から見たときのイメージ図】

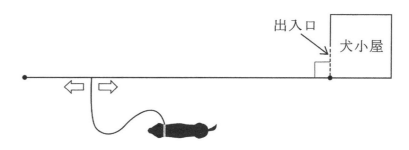

出入口
犬小屋

あきら：　どうして面積も変わってくるの。

父　：　<u>犬が動くことができる範囲を図にかいてごらん。</u>

あきら：　なるほど，そうか。犬小屋がじゃまになって，犬が動くことができる範囲の面積も変わるのか。面積はどれくらい変わるのかな。

父　：　計算してごらん。犬小屋の中も動ける範囲だよ。

あきら：　分かった。犬が動くことができる面積は（　エ　）㎡になるね。犬小屋をここに置いても面積はあまり変わらないね。

問い３　犬が動くことのできる範囲を，解答用紙に図にかいてください。ただし，直線の部分は，定規を使って正確にかいてください。曲線の部分は，コンパスを使うことができないので，正確でなくてもかまいません。

問い４　（　エ　）にあてはまる数を答えてください。

あきらさんの家族は，家で犬を飼うことにしました。あきらさんは犬をどのようにつないで飼うのがよいか，お父さんと話し合っています。

【犬が動くことのできる面積を考えるときの条件】

- 杭にリード（犬の首輪と杭やロープをつなぐひも）をつなぐ場合は，杭の太さや杭につなぐために必要なリードの長さは考えません。
- ロープにリードをつなぐ場合は，つなぎ目の太さやロープにつなぐために必要なリードの長さは考えません。
- 犬小屋の壁の厚さは考えません。
- 犬が動くことのできる範囲の地面は，全て水平であることとし，また，リードの端が，犬が動くことのできる最大の範囲となります。
- 杭2本の間にロープをぴんと張ったとき，そのロープは水平になることとします。
- リードが直線になったときは，そのリードは水平になることとします。
- 円周率は3.14で計算します。

会話1

あきら： 地面に杭を打ってリードでつないで飼うことにしよう。
父　： リードの長さは2mだね。犬が動くことのできる範囲の面積は，どれくらいになるかな。
あきら： 犬が動くことのできる範囲は中心が杭で，半径が（　ア　）mの円の内部になるね。ということは，犬が動くことのできる面積は（　イ　）㎡になるね。
父　： 正解だよ。

問い1　（　ア　），（　イ　）にあてはまる数を答えてください。

会話2

あきら： 犬が動ける範囲がせまい気がする。もっと，たくさん動けるようにしたいな。
父　： よし，じゃあ，杭を2本打って，その間にロープをぴんと張って，ロープに沿ってリードが動けるようにつないでみよう。ロープの長さは5m，リードの長さは2mだね。ロープはぴんと張っているので，犬が動いても伸びたりゆるんだりすることはないよ。

【リードが動けるようにつなぎ，上から見たときのイメージ図】

あきら： なるほど。これだとさっき求めた（　イ　）㎡と比べて，犬が動くことができる範囲の面積が（　ウ　）㎡も大きくなるね。
父　： そうだね。

問い2　（　ウ　）にあてはまる数を答えてください。

問い1　しょうこさんが見つけたカードのうち，新たに日本遺産に認定された，宮崎県の「古代人のモニュメント」と最も関係の深いものを，見つけたカードのア～エから1つ選び，記号で答えてください。

次に日本遺産について興味をもったしょうこさんは，新聞記事の下線部のことについて調べてみました。調べていくと，下の資料を見つけました。

見つけた資料

しょうこさんは見つけた資料を見て，富山の昆布消費量の謎に興味をもち，この謎を明らかにするために，富山県に住む親せきのおばさんに見つけた資料を送ったあと，テレビ電話で次のような会話をしました。

しょうこさんとおばさんの会話

しょうこ： おばさん，こんにちは。おばさんに聞きたいことがあって電話しました。

おばさん： わざわざ資料を送ってくれてありがとう。何でも聞いてね。

しょうこ： 富山では，みんな昆布をよく食べるのですか。

おばさん： そうね。昆布を出汁や料理の材料に，はば広く使っているよ。わたしは，**資料3**の郷土料理の「昆布締め」が大好きよ。

しょうこ： それでは，富山の昆布消費量の謎について，分かることを教えてもらってもいいですか。

おばさん： テレビ電話に，**北前船の航路（資料4）**を映すから，それを見ながら聞いてね。いくつかの理由があるようだけど，理由の1つは，**北前船の航路**から分かるように，北前船の寄港地の1つである富山に，（　　　①　　　）ことから，自然と（　　②　　）が生まれたからではないかな。

しょうこ： なるほど，分かりました。少しずつ，謎が解けてきました。

おばさん： ところで，昆布を使った郷土料理は，沖縄にもあるよ。

しょうこ： 本当ですか。<u>なぜ，北前船の寄港地ではない沖縄に，昆布を使った郷土料理があるのか</u>，また，調べてみます。

問い2　見つけた資料をもとにして，見つけた資料中の「富山の昆布消費量の謎！」の □ にあてはまる言葉を，答えてください。

　なお，**しょうこさんとおばさんの会話**も参考にすること。

問い3　**しょうこさんとおばさんの会話**の（　①　），（　②　）にあてはまる言葉を，**見つけた資料**と，テレビ電話に映した**資料4**を参考にして，答えてください。

資料4　北前船の航路

　　――　北前船のおおまかな航路

北海道（えぞ地）

沖縄（琉球）

富山

下関

大阪

鹿児島（薩摩藩）

　しょうこさんは，**しょうこさんとおばさんの会話**の下線部の新たな疑問を解決するために，資料をさがしていたところ，次の本を見つけました。

しょうこさんが見つけた本

資料5　昆布と薩摩藩

　江戸時代，中国では日本の昆布は，高いねだんで売られていました。これに目をつけたのが鹿児島（薩摩藩）です。当時，多くの借金のあった鹿児島（薩摩藩）は，支配していた沖縄（琉球）から昆布を中国に売り，借金を返そうと考えていました。

資料6　北前船で運ばれた薬の材料と薬づくり

　富山は，北前船により全国から多くの商品が集まる場所でした。さらに，江戸中期ごろからは，薬づくりがさかんになりました。富山の薬売りは陸路や北前船に乗り，全国で薬を売るようになりました。また，薬の材料の多くは，中国から鹿児島（薩摩藩）を経由して輸入された，とても貴重なものでした。

問い4　しょうこさんは，北前船の寄港地ではない沖縄（琉球）に，昆布を使った郷土料理がある理由をあきらかにするために，貿易品の流れを図に表そうと考えました。下の図の Ⓐ，Ⓑ にあてはまる場所と，Ⓧ，Ⓨ にあてはまる貿易品を，**しょうこさんが見つけた本**にある語句を使い，答えてください。

しょうこさんが表した貿易品の流れの図

北海道（えぞ地）

Ⓐ

Ⓧ

鹿児島（薩摩藩）

Ⓑ

Ⓨ

中　国

受検番号 ☐

氏　名 ☐

（配点非公表）

問い一

① （　）

② （　）

問い二

※　題や氏名を入れずに一行目から書いてください。

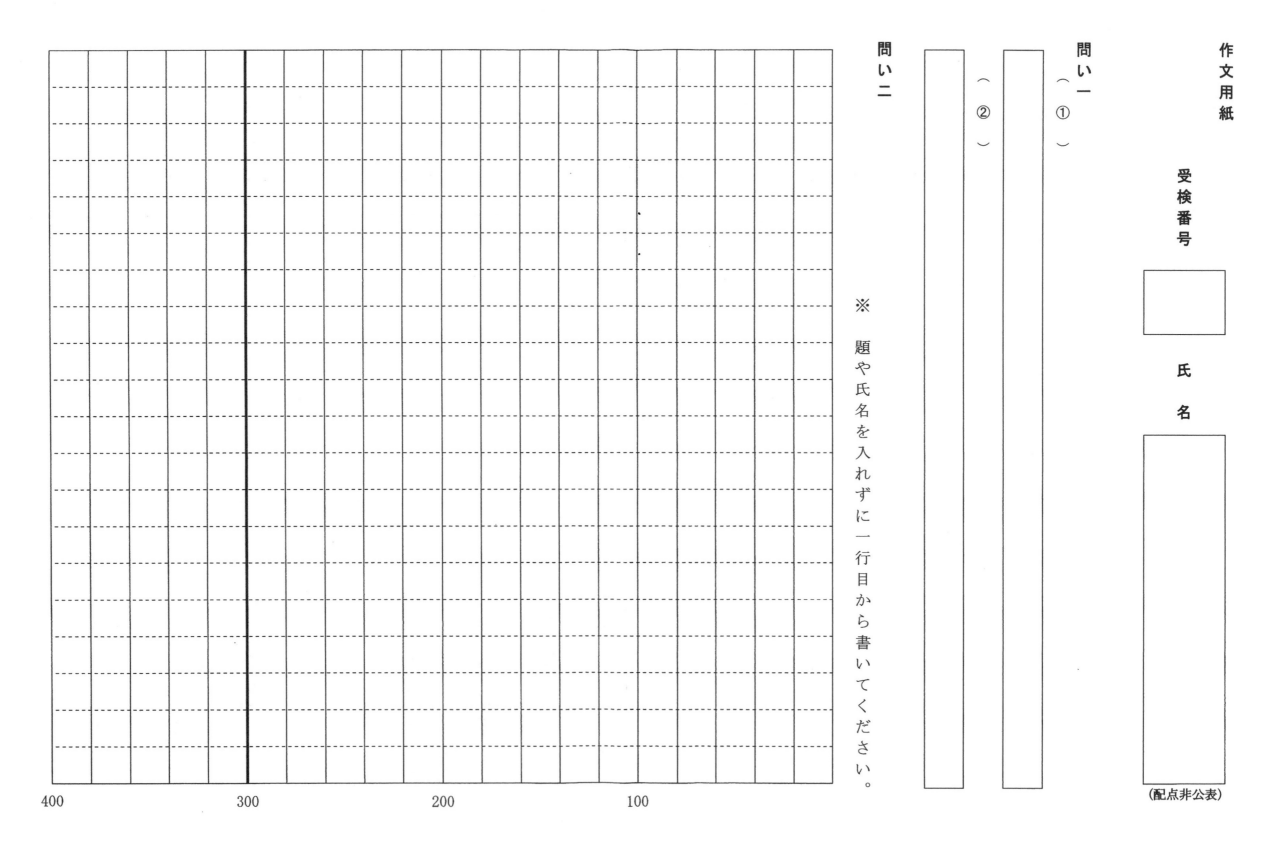

400　　　　　　300　　　　　　200　　　　　　100

受検番号　　　氏　名

平成３１年度　五ヶ瀬中等教育学校
適性検査Ⅰ　第１部　解答用紙

課題１

問い1	

問い2	＜記号＞・・・（　　　　　　） ＜理由＞

問い3	

課題２

問い1	ア	イ

問い2	（ウ）	
	㎜	
	＜説明＞	

問い3	

課題3

問い1	
問い2	＜理由＞

問い3	（　ア　）	（　イ　）	（　ウ　）

平成３１年度　五ヶ瀬中等教育学校
適性検査Ⅰ　第２部　解答用紙

課題１

	ア	イ	ウ
問い1			
問い2			
問い3			

課題２

問い1		
問い2	富山では,（　　　　　　　　　　　　　　）, なぜ,（　　　　　　　　　　　　　　）だろうか。	
問い3	①	
	②	
問い4	Ⓐ	Ⓑ
	Ⓧ	Ⓨ

課題3

	（ ア ）		（ イ ）	
問い1		m		㎡

	（ ウ ）	
問い2		㎡

問い3		犬小屋

	（ エ ）	
問い4		㎡

22−(22)
【解答用紙5−(5)】

令和二年度

宮崎県立五ヶ瀬中等教育学校

「 作 文 」

午前九時三十分〜午前十時十分（四十分）

（ 注 意 ）

一 指示があるまで、表紙（この用紙）以外のところを見てはいけません。

二 検査用紙は、表紙一枚、課題用紙二枚、作文用紙一枚の計四枚です。

三 「始めなさい」の指示があったら、まず受検番号と氏名を、作文用紙の決められたらんに書きなさい。

四 声に出して読んではいけません。

五 印刷がはっきりしなかったり、課題用紙や作文用紙が足りなかったりした場合は、だまって手をあげなさい。

六 課題の内容などについての質問には答えられません。

七 「やめなさい」の指示があったら、すぐえんぴつを置き、表紙（この用紙）を上にして机（つくえ）の上に置きなさい。

次の文章を読んで、後の問いに答えてください。

※がついている言葉は、後に説明があります。

もちろん、目指した分野でどこまで上達するかは、適性の部分が大きいでしょう。しかし、ある程度のレベルまでは、自分の努力次第といっていい。適性の部分が大きいでしょう。しかし、イチロー選手のようになろうと思ったら、よほど適性がないと難しいかもしれません。私は、それは違うと思います。

「適性のない人」は、※営々と努力してようやく、わずかな努力でも諦めるのか。それ以上のレベル、たとえばイチロー選手のようになれないから諦めるのか。難しいかもしれません。私は、それは違うと思います。

「適性のない人」に近づくというだけのことです。営々と努力を続けていたら、いつか才能を開花させるときが来る。私の言葉で言えば、DNAのランプがポッとつくのです。いつか才能が花開くかどうかは努力次第というわけで、そのランプが灯る、つまり才能が花開くかどうかは努力次第ということではないのです。向いていないからやらない、ということではないのです。

このDNAのランプは、いつ灯るかわかりません。一〇年後かもしれないし、明日かもしれない。あるいは数時間後かもしれません。ただ一つ言えるのは、諦めたらそこで終わりだということです。もう一生、ランプが灯ることはない。だからこそ一生懸命に努力を続けるしかないのです。

では、どれだけ努力を続けたらDNAのランプがつくのか。残念ながら、その答えはありません。しかし私の考えを言えば、努力を努力と思わないようになるまで、です。先にも述べた元巨人軍監督の川上哲治さんは、現役時代、「打撃の神様」と言われていました。彼は、一時間に三〇〇球をひたすら打ち続ける練習を決して欠かさなかったといいます。大変な努力家で、基本を疎かにはしませんでした。監督時代は、V9を達成し、巨人軍の黄金時代を築き上げた人でもあります。

私は彼と親しくなり、いろいろと話を聞いたのですが、このとき川上さんは、練習には三段階あると言っていました。

第一段階は、基本練習をとことんやるということです。ヘトヘトに疲れて倒れるまでやるのだそうです。

もっともプロと言われる人たちは、誰でもこのくらいのことはやっているでしょう。彼のすごいところは、こうして疲れて倒れても、まだ練習を続けるということです。これが第二段階です。

それをさらに続けるとどうなるか。疲れを超越して、※無我の境地に至るそうです。「三昧境」というもので、我を忘れるのです。この第三段階までいくと、川上さんの場合、バッターボックスに立ったらボールが止まって見えたそうです。

周りの人は皆、彼を天才だとか神様だとか言うかもしれません。けれど、当の本人は、誰にも負けないくらい、とことんまで努力しているのです。だからこそ、DNAのランプがつくのです。

（『負けてたまるか！若者のための仕事論』丹羽宇一郎　朝日新聞出版）

※営々と……真面目に取り組むようす。
※無我の境地……一つの物事に集中している状態。
※三昧境……営々と……真面目に取り組むようす。

A 努力は必ず報われる。もし報われない努力があるのならば、それはまだ努力と呼べない。
（王　貞治）

B 目的と方針がなければ、努力と勇気は十分ではない。
（ジョン・F・ケネディ）

C 努力をすれば報われるって、ずっと信じてきたんだ。
（マイケル・ジョーダン）

D 夢を与えられた時には必ず実現できる力も与えられる。しかし、そのためには努力しなければならない。
（リチャード・バック）

問い一　筆者は、「川上哲治さん」がどのようにして「DNAのランプ」を灯したと考えていますか。わかりやすく説明してください。

問い二　A〜Dは、「努力」についての名言です。本文の内容と併せ「努力」について、一番共感した名言を一つ選び、考えたことを書いてください。

問い三　あなたは、これからどのような「努力」をして「DNAのランプ」を灯したいと考えていますか。あなたの考えを、次の条件に従って書いてください。

〈条件〉
①　あなたが灯したい「DNAのランプ」について書いてください。なぜ、そのランプを灯したいのか、その理由も書いてください。
②　取り組んでみたい「努力」について、問い一と問い二で考えたことをふまえて具体的に書いてください。
③　三百字以上、四百字以内で書いてください。

受検番号	
氏　名	

令和２年度

宮崎県立五ヶ瀬中等教育学校

適 性 検 査 Ⅰ

【 第 1 部 】

10：30〜11：10 （40分）

（ 注 意 ）

1　指示があるまで，この表紙以外のところを見てはいけません。

2　検査用紙は，表紙をのぞいて７ページで，課題は全部で３題です。

3　解答用紙は２枚です。

4　「始めなさい」の指示があったら，まず検査用紙と２枚の解答用紙に受検番号と氏名を書きなさい。

5　検査用紙のページ数がまちがっていたり，解答用紙の枚数が足りなかったり，また，文字や図がはっきりしなかったりする場合は，だまって手をあげなさい。

6　課題の内容や答えなどについての質問には，答えられません。

7　「やめなさい」の指示があったら，すぐえんぴつを置き，解答用紙を２枚ともうら返して机の上に置きなさい。

だいきさんは，「高度経済成長期の人々のくらし」について調べたことをまとめ，発表のための資料を作成しました。

資料1

1950年代から1970年代の初めにかけて，日本は経済が急成長して，高度経済成長とよばれました。そのころ登場した「白黒テレビ」・「電気洗たく機」・「電気冷ぞう庫」という3種類の a 家庭電化製品を，歴代天皇に伝えられた宝物になぞらえて「三種の神器」とよびました。

これらは，人々にとって簡単には手のとどかないあこがれの商品でした。生活の根本にかかわる道具が電化製品になることは，快適な生活を生み出すとともに，家庭での生活に大きな変化をもたらしました。

それはまた， b 地域社会や社会全体の変化にも大きなえいきょうをあたえました。この「三種の神器」は，今では当たり前となった家庭電化製品に囲まれた現代生活の原点といえます。

内閣府の統計によると，「三種の神器」のうち「電気洗たく機」は，1960年代の初めには2家庭に1台の割合をすでにこえて所有していました。家事をする人にとって最もきびしい労働といわれたタライと洗たく板の作業からの解放が，いかに望まれていたかが分かります。

同じころ「電気冷ぞう庫」はまだ5家庭に1台の割合にしか達していませんでした。その後，「白黒テレビ」は「カラーテレビ」へと入れかわるように減少していきました。

グラフ1 おもな家庭電化製品の※ふきゅう率

（出典：内閣府HPより作成）

※ ふきゅう … 広く行きわたること。

問い1　グラフ1のア〜エは「白黒テレビ」「電気洗たく機」「電気冷ぞう庫」「カラーテレビ」のいずれかです。「電気洗たく機」を表すものはどれですか。ア〜エから1つ選んで，記号で答えてください。

問い2　だいきさんは下線部aによるえいきょうや社会の変化を説明するために，発表原稿にまとめました。発表原稿の　①　・　②　にあてはまる言葉を，上の資料1を参考にして，答えてください。

発表原稿

高度経済成長期は，グラフ1から家庭電化製品のふきゅう率が　①　ことが分かります。家庭電化製品のふきゅう率が　①　ことによって，洗たくやそうじなどの家事の時間が　②　，自由に使える時間が増えたそうです。

問い3　だいきさんは下線部 b に関して調べていくと，高度経済成長期には生活が豊かになるにつれ，ある問題が発生していったことを知りました。調べたことをまとめた，下段にあるレポートの　①　，　②　にあてはまる言葉を答えてください。
　　　ただし，　①　はグラフ2の中にある言葉を使って書いてください。また，　②　は資料2を参考にして，「しょ理」という語句を使って書いてください。

グラフ2　ごみの排出量と国民全体の収入の移り変わり

（出典：「日本の廃棄物処理の歴史と現状」環境省より作成）

資料2　東京都江東区「夢の島」

　東京都内では，高度経済成長期にごみが急増し始めたため，人工島である「夢の島」がごみしょ分場として利用されました。
　「夢の島」では，次々に運びこまれるたくさんのごみを分別することも，電化製品を打ちくだくこともせず，そのまま野積みにされていました。

（出典：東京都江東区HPより作成）

レポート

　高度経済成長期には，工場ではコンベヤーなどを使い，短時間で大量にテレビなどが生産されるようになり，経済が急速に発展し，くらしは豊かになっていきました。
　その一方で，グラフ2から分かるように，　①　も増えていったと考えられます。
　さらに，資料2から，　①　が急に増えたために，　②　などの問題が発生したのではないかと思います。

課題2

　みかさんは，下図のように道路が一定の幅で整備されている町に住んでいます。

　会話1 は，今から買い物に行こうと考えているみかさんが，家から店まで行く場合に，最も近い※経路は何通りあるか，友達のひろしさんと一緒に考えている会話の様子です。

　会話1　　　　　　　　　　　　　　　　　　　※経路…目的地までの行き方

ひろし：	みかさん，まず家からE地点までの最も近い経路は何通りあるかな。
み　か：	簡単だよ。家からE地点までは，（　ア　）通りになるね。
ひろし：	それでは，家からJ地点までの最も近い経路は何通りになるかな。
み　か：	経路を順番に書いて考えてみようかな。 　［家→A→B→F→J］，［家→A→E→F→J］，［家→A→E→I→J］ 　［家→D→E→F→J］，［家→D→H→I→J］の5通りだね。
ひろし：	あれ，一つぬけていないかな。（　イ　）もあるんじゃないの。全部で6通りのはずだよ。
み　か：	本当だ。わすれてた。確かに6通りだね。
ひろし：	家からJ地点までの最も近い経路は，A地点またはD地点以外にも，必ず（　ウ　）地点または（　エ　）地点も通らないといけないよ。
み　か：	何かきまりがありそうだね。
ひろし：	家から（　ウ　）地点や（　エ　）地点までの最も近い経路は，どちらも，（　オ　）通りだから，その2つの行き方を（　カ　）と，6通りになるよ。
み　か：	なるほど，それなら経路を1つずつ書かなくても求められそうだね。
ひろし：	そのようにして，もう一度考えてみよう。
み　か：	家から最も近い経路が5通りになる地点は（　キ　）地点になるね。
ひろし：	では，家から店まで最も近い経路は何通りになりそうかな。
み　か：	分かった。（　ク　）通りだね。簡単に求められたね。ひろしさんありがとう。 　では，今から買い物に行ってきます。

二人が話をしているところへ，先生がいらっしゃいました。

先　生：　おもしろいグラフができましたね。電子てんびんが役に立ってよかったです。ここにもおもしろいグラフがありますよ。これは日本のある海岸で海水を毎月とって，酸性やアルカリ性の度合いを調べた結果です。季節によって，酸性やアルカリ性の度合いは変化するのですよ。

ちえみ：　海水は中性かと思っていましたが，ちがうのですね。４月から９月に比べると１０月から３月の方が，海水の酸性が強くなっています。

先　生：　そうですね。実は海水にも二酸化炭素がとけていて，とけている二酸化炭素の量が多いほど，酸性が強くなるのです。季節によって，酸性やアルカリ性の度合いが違う理由はいくつか考えられます。例えば，冬は，海水にとけている二酸化炭素を使って生きている海草や植物プランクトンが減り，さらにほかの生き物が二酸化炭素を出すので，海水中の二酸化炭素の量が多くなり，海水の酸性が強くなっていくと考えられます。ほかにも理由が考えられますが，分かりますか。

さとみ：　難しいですね。

先生が見せてくれたグラフ

海水の酸性・アルカリ性の月別変化

問い４　先生が見せてくれたグラフから，４月から９月に比べると１０月から３月は，海水の酸性が強くなっていることが分かります。このようになるのはなぜだと考えられますか。先生が話したこと以外の理由として考えられることを，実験１をもとに答えてください。

問い１　下の問題に答えてください。
（１）　（ア）にあてはまる数を書いてください。

（２）　（イ）にあてはまる経路を書いてください。

（３）　（ウ），（エ）にあてはまるアルファベットを書いてください。
　　　　※同じカタカナの記号には，必ず同じアルファベットが入ります。

（４）　（オ）にあてはまる数を書いてください。

（５）　（カ）にあてはまる言葉を書いてください。

（６）　（キ）にあてはまるアルファベットを書いてください。

（７）　（ク）にあてはまる数を書いてください。

会話２

　みかさんは，店に到着し，買い物を終えました。帰ろうとしたら，店長から話しかけられました。

店　長：　今から下図のM地点で工事が始まるので，帰りはその地点は通れないよ。

み　か：　そうなんですね。そこを通ってきたばかりなのに。それは残念だけど，M地点を通らずに帰ります。

問い２　M地点を通らずに店から家まで最も近い経路は何通りありますか。また，その理由も書いてください。

課題3
　　さとみさんとちえみさんが，炭酸水から気体を集める実験について話をしています。
そのときの会話文を読んで，次の問いに答えてください。

> さとみ：　先週，炭酸水から試験管に気体を集める実験をしたよね。炭酸水からは，
> そのままでも気体が出てきたけれど，炭酸水の入った容器を振ったり，温
> めたりするとたくさん出てきたね。
> ちえみ：　そうだったね。試験管に集めた気体によって石灰水が白くにごったことか
> ら二酸化炭素が溶けていることが分かったね。
> さとみ：　ところで，炭酸水に溶けている二酸化炭素の体積はどれくらいになるか調
> べてみたいな。
> ちえみ：　それだったら，気体を試験管に集めるのではなくて，（　ア　）に集めれ
> ばいいんじゃないかな。
> さとみ：　その方法は，気体の体積を正確に調べることができるいい方法だと思うよ。
> でも，ペットボトルの重さの変化を調べて求める方法もあるわ。一緒に実験
> してみましょう。

実験1

> 　図1のように，炭酸水の入った
> ペットボトルを用意し，その重さを
> はかると，537.10gでした。
> 　そして，炭酸水の中の気体を出す
> ために，ふたをあけてペットボトル
> を振ったり，温めたりしました。
> 　その後，気体が出なくなったとこ
> ろでふたをしめペットボトルの重さ
> をはかると534.60gでした。
> 　この実験で出てきた気体は，全て二酸化炭素でした。

図1　炭酸水の入ったペットボトル

振ったり、温めたりする。

537.10g　　534.60g

問い1　（　ア　）にあてはまる実験器具の名前を答えてください。

問い2　二酸化炭素の1cm³あたりの重さを0.00183gとして，実験1の結果から，炭酸水
から出てきた気体の体積は何Lになるか答えてください。答えは，小数第2位を
四捨五入し，小数第1位まで求めてください。

> さとみ：　実験1のように，炭酸水の入ったペットボトルのふたをあけ，振ったり温
> めたりすると，二酸化炭素が出ていって，その分，重さが軽くなることが分
> かったわ。
> ちえみ：　それじゃ，二酸化炭素が出ていくときに，時間がたつにつれてどのように
> 重さが変わっていくのかな。
> さとみ：　重さが変わっていくようすを調べてみましょう。

さとみさんとちえみさんは，実験2の方法で，炭酸水を入れた紙コップの重さが時間に
よって変わるようすを電子てんびんで調べました。
　なお，実験をした部屋の気温（空気の温度）は20℃で，その日の天気は雨でした。

実験2

> 　図2のように，冷ぞう庫で一晩冷やした炭
> 酸水を入れて200gにした紙コップを，電子
> てんびんの上に置き，1分ごとに電子てんび
> んに表示された重さを記録していきました。
> そして，その結果をもとにグラフをつくりま
> した。

図2　炭酸水を入れて200gにした紙コップ

実験2の結果をもとにつくったグラフ

実験2後の二人の会話

> さとみ：　二酸化炭素が出ていくから，その分，少しずつ重さが軽くなっていくと
> 思っていたけど，グラフからは，実験を始めて6分から57分ぐらいまでは，
> 重くなっているようすが分かるわ。これはどうしてかな。
> ちえみ：　そうだね。不思議だね。

問い3　実験2後の二人の会話にあるように，実験を始めて6分から57分ぐらいまでは，
炭酸水を入れた紙コップの重さが重くなっていることが分かります。このときの紙
コップの表面に起こる変化をもとに，このように重くなった理由として考えられる
ことを答えてください。

2020(R2)五ヶ瀬中等教育学校

K教英出版

－5－

22-(10)
【適Ⅰ　第1部 6-(6)】

－6－

令和２年度

宮崎県立五ヶ瀬中等教育学校

適 性 検 査 Ⅰ

【 第 ２ 部 】

１１：３０〜１２：１０（４０分）

（ 注　意 ）

1　指示があるまで，この表紙以外のところを見てはいけません。

2　検査用紙は，表紙をのぞいて８ページで，課題は全部で３題です。

3　解答用紙は２枚です。

4　「始めなさい」の指示があったら，まず検査用紙と２枚の解答用紙に受検番号と氏名を書きなさい。

5　検査用紙のページ数がまちがっていたり，解答用紙の枚数が足りなかったり，また，文字や図がはっきりしなかったりする場合は，だまって手をあげなさい。

6　課題の内容や答えなどについての質問には，答えられません。

7　「やめなさい」の指示があったら，すぐえんぴつを置き，解答用紙を２枚ともうら返して机の上に置きなさい。

　ひなこさんと先生が，身近によく見かけるタンポポについて話をしています。その時の会話文を読んで，後の問いに答えてください。

> ひなこ：　身近によく見るタンポポの多くは，外国を起源（きげん）とする生物だと聞いたのですが本当ですか。
> 先　生：　そうですよ。外国を起源とする生物を外来生物といいます。外来のタンポポとしては，ヨーロッパ原産のセイヨウタンポポはよく見かけますね。ただ，タンポポには，もともと日本に生息している在来のタンポポもあるのですよ。
> ひなこ：　いろいろな種類のタンポポがあるのですね。
> 先　生：　タンポポに興味をもってきましたね。じゃあ，タンポポの花は知っていますよね。
> ひなこ：　はい，1つの花に，黄色い花びらがたくさん付いていますね。
> 先　生：　実はね，あれは，1つの花ではないのです。あれは「頭花（とうか）」といって小さな花がたくさん集まってできたものなのですよ。
> ひなこ：　えっ，そうなのですか。タンポポのことをもっと知りたくなってきました。
> 先　生：　そうですか。では，自由研究で，タンポポについて調べてみてはどうでしょう。
> ひなこ：　はい，調べてみます。

【タンポポの頭花】

　タンポポに興味をもったひなこさんは，自由研究としてタンポポについて調べていく中で，分かったことを次のようにまとめました。

調べて分かったこと

> 〈外来のタンポポの種類と分布〉
> ・　セイヨウタンポポ：日本全国
> ・　アカミタンポポ：日本全国
>
> 〈在来のタンポポの種類と分布〉
> ・　エゾタンポポ：北海道・東北地方
> ・　カントウタンポポ：関東・中部地方
> ・　シナノタンポポ：関東・中部地方
> ・　トウカイタンポポ：千葉県から和歌山県の太平洋側
> ・　カンサイタンポポ：長野県より西
> ・　シロバナタンポポ：関東地方より西
>
> 〈日本で確認（かくにん）されているタンポポ〉
> ・　現在日本で確認されるタンポポの多くが，外来のタンポポである。

> ○　外来のタンポポの方が在来のタンポポよりも，日本の広い範囲（はんい）に，より多く生息している。

　タンポポについて調べていく中で，外来のタンポポの方が在来のタンポポよりも，日本の広い範囲に，より多く生息していることに疑問（ぎもん）を感じたひなこさんは，タンポポの種を使ったいくつかの実験を行い，その理由を考えることにしました。

　　タンポポの1つの頭花にふくまれる種の個数と、種全体の重さを調べ、結果1のように表にまとめました。

結果1

タンポポの種類		種の個数〔個〕	種全体の重さ〔g〕
外来	セイヨウタンポポ	200	0.09
	アカミタンポポ	200	0.13
在来	カンサイタンポポ	110	0.09
	カントウタンポポ	80	0.11
	シロバナタンポポ	85	0.13

　調べて分かったことおよび結果1から、ひなこさんは次のような仮説を立て、それを確かめるための実験をしてみることにしました。

仮説：在来のタンポポの種より、外来のタンポポの種の方が遠くまで飛ぶ。

問い1　ひなこさんがこのような仮説を立てたのはなぜだと考えられますか。調べて分かったことまたは結果1から考えられることをもとに答えてください。

問い2　ひなこさんは立てた仮説を確かめるために、それぞれのタンポポの種に風をあて、それらの種がどこまで飛ぶかを調べました。実験に使うそれぞれの種の個数を同じにすること以外に、「同じにする条件」を答えてください。

実験2

　　シャーレに敷き詰めた脱脂綿の上に、外来のタンポポの種を10個ずつ間隔をあけてまいたものを、2セット（外来①、外来②）準備しました。
　　また、在来のタンポポの種についても、外来のタンポポの種と同様に、2セット（在来①、在来②）準備しました。
　　脱脂綿全体に水を十分含ませてふたを閉め、実験に使った外来のタンポポと在来のタンポポが、共に発芽しやすい温度に保ちました。
　　そして、発芽した種の数と発芽するまでにかかった日数を記録し、発芽した種の数の移り変わりをグラフにまとめました。

結果2

問い3　外来のタンポポの方が在来のタンポポよりも、日本の広い範囲に、より多く生息しているのはなぜだと考えられますか。結果1と結果2から考えられることをもとに答えてください。ただし、問い2で確かめた仮説は正しかったものとします。

課題2

　さおりさんたちの学校では，「いい肉の日」にちなんで，毎年11月29日の給食は，肉を使った献立が出されています。さおりさんが委員長である給食委員会では，そのメニューを決めることになりました。そこで，事前に6年生の全4学級にアンケートをとってみたところ，資料1のような結果になりました。

資料1 「いい肉の日」給食献立アンケート結果

学級	1組	2組	3組	4組
児童数	38人	40人	38人	37人
第1位	ハンバーグ（14人）	牛丼（30人）	しょうが焼き（15人）	ハンバーグ（15人）
第2位	チキン南蛮（12人）	ハンバーグ（4人）	チキン南蛮（13人）	チキン南蛮（13人）
第3位	牛丼（9人）	チキン南蛮（3人）	ハンバーグ（8人）	しょうが焼き（4人）
第4位	から揚げ（3人）	しょうが焼き（2人）	から揚げ（2人）	から揚げ（3人）
第5位	しょうが焼き（0人）	から揚げ（1人）	牛丼（0人）	牛丼（2人）

　資料1をもとに，さおりさんが各学級の給食委員を集めて話合いを行ったところ，次のような意見が出されました。

給食委員会での話合いのようす

さ お り：	それでは，11月29日の献立を決めます。みなさん，意見を出してください。
4組代表：	4学級のうち2学級で第1位になった「ハンバーグ」に決まりだね。
2組代表：	たしかに1組と4組が第1位に「ハンバーグ」をあげているけど，第1位の献立の中で一番希望者数が多いのは，「牛丼」だわ。
3組代表：	でも，「牛丼」は3組と4組で最下位だよ。
1組代表：	アンケートの結果を見ると，私も **a** 「牛丼」と「しょうが焼き」には反対です。
さ お り：	では，希望者が最も多かった献立に決めてはどうでしょうか。
4組代表：	それはよい考えだね。各献立の合計希望者数を出してみると・・・。
3組代表：	あれ。 **b** 困ったことになるよ。
さ お り：	そうですね。どうしたらよいか先生に相談してみます。

問い1　給食委員会での話合いのようすの下線部**a**について，1組代表の児童が「牛丼」と「しょうが焼き」に反対している理由を，資料1を参考にして説明してください。

会話3

まゆみ：	立方体の展開図がいろいろできるね。いろいろな展開図ができることはよく分かったけど，立方体を辺にそって何回切り開けば，展開図になるのかな。
ひかる：	じつはね。切り開く回数は同じなんだよ。ただし，辺にそって，一辺ずつ切り開くことが条件になるけどね。
まゆみ：	それはびっくりだね。やってみようよ。

問い3　立方体を下の 条 件 に従って展開図にする場合，何回切り開けばよいか答えてください。

条 件

- 辺にそって，一辺だけ切り開くこと。
- 回数は，一辺を切ったときを一回と数えること。

　まゆみさんとひかるさんは，図4の①から④の面にある点●と同じ面にある角を結び，下のように線を書き込みました。●はそれぞれの辺の真ん中にある点です。

まゆみ：	線を引いた部分を切って，残った内側の図を組み立ててみようよ。
ひかる：	どんな立体になるんだろうね。楽しみだね。
まゆみ：	やってみよう。ついでに，立体の体積も考えてみようよ。

問い4　展開図の線を引いた部分を切り，残った内側の図（色が濃くなっている部分）を組み立てたときにできる立体の体積は，元の立方体の体積の何倍になるかを答えてください。
　　※　ただし，展開図を組み立ててできる立体については，辺と辺を結び，全ての面で囲まれた立体として考えること。

図4

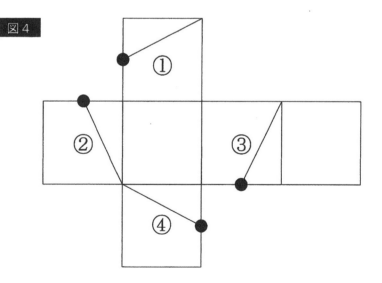

課題3

まゆみさんとひかるさんは紙でできた立方体のさいころを見て，話をしています。

会話1

> まゆみ： さいころは立方体の形をしているね。
> さいころは向かい合う面の目の数の和が7になるように，1から6の目が配列されて作られているんだよね。知っていたかな。
> ひかる： そうなんだね。この立方体の辺にそって切り開いた図を展開図と言うんだよ。切り開き方のちがいで，いろいろな展開図ができるみたいだよ。
> まゆみ： なるほどね。それじゃあ，このさいころの辺にそって，切り開いてみようよ。
> ひかる： どんな展開図ができるだろうね。

図1

問い1 図1のさいころを辺にそって切り開いたら，図2のような展開図になりました。 ⚄ …（5）の目は，どの面になるでしょうか。次のア〜エの中から1つ選び，記号で答えてください。

図2

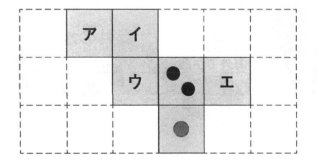

会話2

> まゆみ： こんな形になるんだね。
> ひかる： この他にもいろいろな展開図ができるはずだよ。
> まゆみ： 他にどんな形の展開図ができるかな。

問い2 図3のように，色をつけた部分は，立方体の展開図を途中までかいたものです。この図に正方形2つを加えて，展開図を完成させてください。
なお，正方形は，解答らんの太線の中にかいてください。

図3

問い2 給食委員会での話合いのようすの下線部**b**について，3組代表の児童が困った理由を具体的な献立名をあげて，説明してください。

どのように決めるか困っているさおりさんに，先生が次のようにアドバイスをしてくださいました。

先生のアドバイス

> 決め方にはいろいろあるけど，オリンピックの開催地が，東京に決まったときの投票方法を参考にしてみるといいよ。
> 過半数の票をとった献立がある場合は，その献立で決定です。もし，すべての献立の票が半数以下の場合は，最下位の献立を除いて再投票を実施するんだ。どれかの献立が過半数の票を得るまで，この方法で投票をくり返すんだよ。
> 資料1の結果をみると，どの献立も過半数の票を得ていないね。今回は，上位3つの献立でやってみてはどうかな。

さおりさんは，**先生のアドバイス**をもとに資料1の上位3つの献立で投票を行うことにしました。資料2はその結果です。

資料2 **先生のアドバイスをもとに行った投票結果**

	1回目	2回目	3回目
牛丼	55人	※	92人
チキン南蛮	49人	101人	61人
ハンバーグ	49人	52人	※

※ ／ は，投票対象から外したことを意味しています。

問い3 資料2の**先生のアドバイスをもとに行った投票結果**から読み取れることを，次のア〜オからすべて選んで，記号で答えてください。

ア 今年の「いい肉の日」の献立は，1回目の投票結果で最も多かったので，「牛丼」に決まった。

イ 1回目の投票で過半数の票を得た献立がなかったので，投票が続けられた。

ウ 2回目の投票が「チキン南蛮」と「ハンバーグ」で行われたのは，最下位の献立を決めるためである。

エ 今年の「いい肉の日」の献立は，2回目で101人の児童が投票した「チキン南蛮」に決まった。

オ 今年の「いい肉の日」の献立は，3回目の投票で過半数を超えた「牛丼」に決まった。

さおりさんは，「いい肉の日」にむけて，**給食委員会新聞**を作成しました。

給食委員会新聞　11月号

牛肉ステーキ（100g）を残すと約2tの水がムダになる!?

資料3　日本のバーチャル・ウォーター総輸入量

カナダ　49億t
14億t
その他　33億t
アメリカ　**389**億t
22億t
13億t
ブラジル　25億t
3億t
オーストラリア　89億t
3億t
2000年度総輸入量　**640**億t/年

バーチャル・ウォーターとは，その国が輸入している物（食べ物や工業製品）を自分の国で生産した場合に必要な水のことです。仮想水ともいい，目に見えない水を数値化して表しています。

資料4　日本のバーチャル・ウォーターの品目別割合

品目名	割合	食料輸入量
トウモロコシ	22.7%	1679万t
牛肉	21.9%	76万t
大豆	18.9%	504万t
小麦	14.7%	497万t
ぶた肉	5.6%	110万t

トウモロコシ 22.7%
その他 16.2%
ぶた肉 5.6%
小麦 14.7%
大豆 18.9%
牛肉 21.9%
640億t

（資料3・4　出典：太郎次郎社エディタス「コンビニ弁当16万キロの旅」より作成）

　c トウモロコシと牛肉のバーチャル・ウォーター輸入量の割合はほとんど同じですが，実際の食料輸入量からすると，牛肉はトウモロコシの22分の1です。このことから，牛肉がいかにたくさんの水を必要とする食べ物かが分かります。
　牛肉100gをつくるのに，約2tの水が必要になるそうです。水は地球の大切な資源の1つです。みんな，お肉を残さずに食べてくださいね。

問い4　**給食委員会新聞**を作成したさおりさんは，**給食委員会新聞**の下線部**c**について疑問をもち，その疑問を明らかにするために，**カード**にまとめることにしました。
　カードの**まとめ**の　　　　　　　　　　にあてはまる文を，**資料5**を参考にして，「**トウモロコシ**」という語句を使って答えてください。

カード	実際の食料輸入量は，トウモロコシより牛肉がすごく少ないのに，なぜ，バーチャル・ウォーター輸入量の割合は，ほぼ同じくらいなのだろうか。

資料5

牛肉の自給率
42%
（2014年度）

42%は国内で生産

58%は海外で生産

しかし，牛の飼料（エサ）のとうもろこしの自給率は **0**%

海外の水を使用して生産

※　食料自給率…　国内で消費した食料のうち，国内で生産された食料を割合であらわしたもの。

（出典：資源・リサイクル促進センターHPより作成）

↓

まとめ

　牛肉の実際の食料輸入量は，トウモロコシの22分の1だけど，バーチャル・ウォーター輸入量の割合がほとんど同じである理由は，　　　　　　　　　　　　からだと思います。

2020(R2) 五ヶ瀬中等教育学校

K 教英出版

−5−

22-(16)
【適I　第2部 6-(6)】

−6−

受検番号

氏名

（配点非公表）

問い一

問い二

選んだ名言の記号（　）

問い三

※　題や氏名を入れずに一行目から書いてください。

400　　　　　　　　300　　　　　　　　200　　　　　　　　100

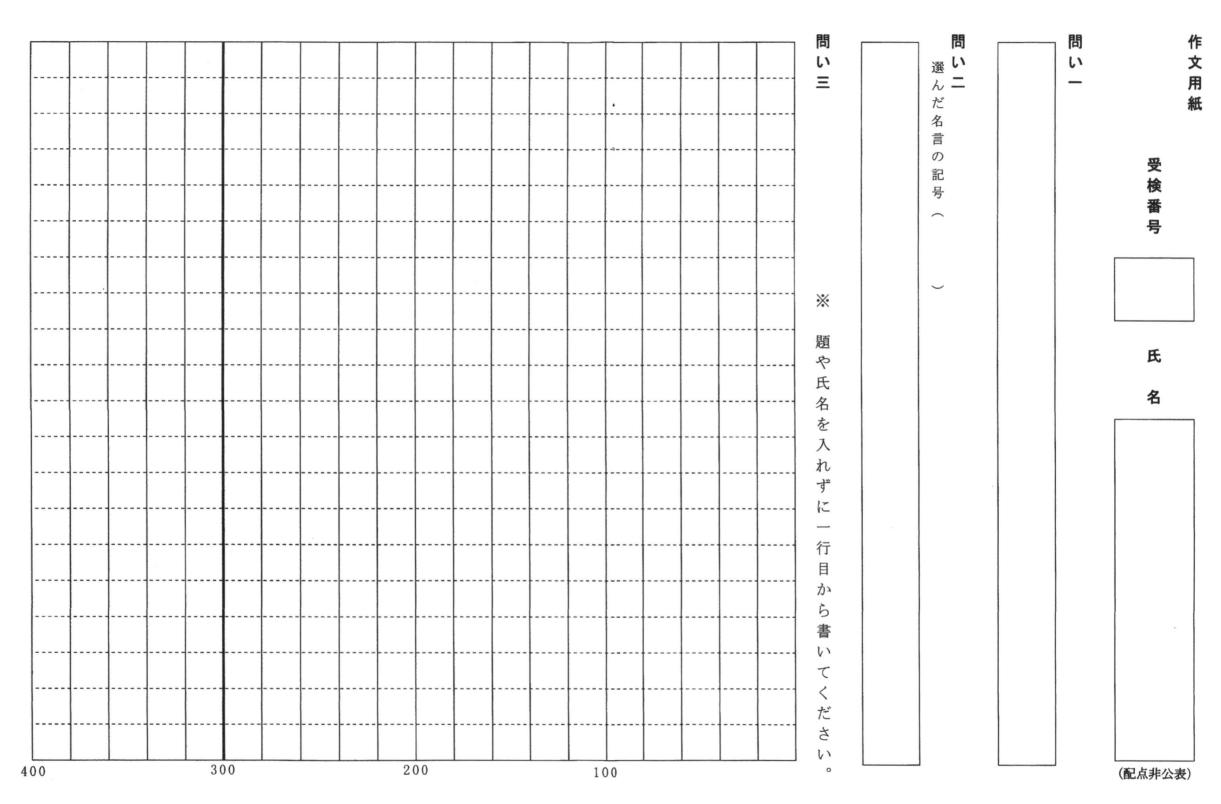

令和2年度　五ヶ瀬中等教育学校

適性検査Ⅰ　第1部　解答用紙

課題1

問い1				
問い2	①		②	
問い3	①			
	②			

課題2

	（1）		（2）	
問い1	ア　　　　　　　通り	イ	家 →　　　→　　　→　　　→ Ｊ	
	（3）		（4）	
	ウ　　　　　　　地点	エ　　　　　　　地点	オ　　　　　　　通り	
	（5）	（6）	（7）	
	カ	キ　　　　　　　地点	ク　　　　　　　通り	

問い2

　　　　　　　　　　通り
――――――――――――

〈理由〉

課題3

問い1		問い2		L
問い3				
問い4				

| 受検番号 | | 氏　名 | | 【1枚目】 |

（配点非公表）

令和２年度　五ヶ瀬中等教育学校
適性検査Ⅰ　第２部　解答用紙

課題１

問い1	
問い2	
問い3	

課題２

問い1	
問い2	
問い3	
問い4	

2020(R2) 五ヶ瀬中等教育学校
K 教英出版

受検番号		氏　名		【2枚目】

○　　　　　　　　　　　　　　　　　　○

課題3

問い1	

問い2	

問い3	回	問い4	倍

2020(R2) 五ヶ瀬中等教育学校
K 教英出版